Ernest Duvergier de Hauranne

Salon de 1872

Critique

ISBN : 978-1983960024

10 9 8 7 6 5 4 3 2 1

Ernest Duvergier de Hauranne

Salon de 1872

Critique

Table de Matières

I. — LA PEINTURE.

Il est d'usage, à chaque nouveau Salon, de s'apitoyer sur la décadence et sur la médiocrité de l'art moderne en général et de l'art français en particulier. Cette année pourtant les plus pessimistes ne peuvent s'empêcher d'éprouver une certaine surprise en parcourant l'exposition des beaux-arts. Si jamais il doit y avoir des excuses pour la faiblesse ou pour la stérilité des artistes, c'est bien après les deux funestes années que nous venons de traverser. Il y a quelques mois, on pouvait croire que nous allions retourner à la barbarie. Quand, au lendemain de nos défaites, un ramassis de brigands de tous les pays s'abattait sur notre capitale, et que l'ennemi, campé sur nos collines, chantait victoire à la vue de nos monuments en flammes, nous avons pu désespérer un instant de l'art français, comme de la société française ; mais, Dieu merci, notre civilisation répare ses ruines presque aussi vite qu'elles ont été faites. Quelques semaines après la guerre, l'industrie française figurait avec honneur à l'exposition de Londres, et aujourd'hui, en comptant nos richesses, nous pouvons entièrement nous rassurer. Si quelques-uns de nos chefs-d'œuvre ont péri, nous ne sommes pas encore incapables de travailler à les refaire.

Nous devons le constater avec fierté en face des nations étrangères, quoiqu'elles nous traitent volontiers d'histrions et d'amuseurs à gages, Paris est encore la capitale de l'art, et, comme dans le temps où nous sommes les affaires s'emparent de tout, il est devenu pour l'Europe le grand marché cosmopolite et pour ainsi dire la *bourse* de l'art. C'est maintenant pour la France une source de revenus qui n'est pas à dédaigner, et ceux qui nous ont pris nos milliards à coups de canon ne peuvent pas trouver mauvais que nous tâchions de les regagner en détail ; mais il y a là un danger en même temps qu'un profit. Déjà nous ne sommes que trop portés à nous relâcher des grandes études pour rechercher des succès faciles et lucratifs. La dernière génération d'artistes a été gâtée par l'esprit mercantile ; elle s'est arrêtée dans son développement, et nous la voyons aujourd'hui en pleine décadence. Pour que la nouvelle ne se corrompe pas encore davantage, il lui faut une discipline rigoureuse, et elle n'a pas de maîtres sérieux pour la lui donner.

Aussi faut-il féliciter le jury d'admission de s'être montré plus sévère que par le passé. Il ne faut pas que les expositions publiques soient pour les artistes un simple moyen de se défaire de leur marchandise, il faut que ce soit un honneur et un commencement de récompense. À notre sens, les juges auraient pu se montrer encore plus rigoureux, et proscrire sans pitié plus d'un des deux mille tableaux, dessins ou statues qui ont trouvé grâce devant eux. Il faut pourtant leur savoir gré d'un triage qui a pu coûter souvent à leur indulgence, et qui relève, au moins en apparence, le niveau général. Sans contenir beaucoup d'œuvres tout à fait supérieures et d'un caractère original, sans surtout nous révéler encore les nouveaux maîtres qui vont diriger et rajeunir l'école française, cette exposition présente un ensemble assez satisfaisant pour qu'il soit permis d'espérer leur venue.

I

Un critique bien appris, qui tiendrait à montrer la délicatesse et l'élévation de son goût, devrait tout d'abord s'occuper des œuvres dites de *style*, et commencer sa revue du Salon par ce que les peintres appellent les tableaux d'histoire. Il est convenu en effet que le tableau d'histoire est la suprême expression de l'art, l'épreuve décisive du génie, et qu'on n'est pas un peintre sérieux, si l'on ne fait pas de tableaux d'histoire. Je demande au lecteur la permission de m'affranchir de toute étiquette et de traiter sans façon les règles de préséance. Je ne méconnais pas assurément que le tableau, histoire ne soit une œuvre capitale, et qu'il n'exige une réunion de facultés bien rares ; mais de notre temps la hiérarchie de l'art n'a pas été moins troublée que la hiérarchie sociale. Comme l'ancienne noblesse, qui ne se distingue plus guère de la bourgeoisie, qui elle-même confine de très près au peuple, les « œuvres de style » tendent beaucoup à se confondre avec les tableaux de genre, et le réalisme, qui dans l'art représente la démocratie, s'est glissé un peu partout. Qu'on me permette donc de donner ici la première place à un genre qui est l'écueil comme la marque de la véritable vocation des peintres, et qui prime tous les autres, parce qu'il les contient tous en substance : je veux parler de la reproduction de la figure humaine sous toutes ses formes, et particulièrement sous celle du portrait.

I. — LA PEINTURE.

C'est d'ailleurs un portrait qui occupe cette année la place d'honneur. Certains critiques ombrageux, qui mêlent la politique aux choses de l'art, ont trouvé mauvais qu'on la lui eût donnée. Ce n'était pas le tableau qui leur déplaisait, c'était le modèle. Le personnage qui profane ainsi le panneau jadis réservé aux grandeurs princières n'est ni une impératrice en robe de gala, ni un grand dignitaire en habit brodé. C'est un vieillard à cheveux blancs, avec des lunettes sur le nez, bourgeoisement vêtu d'une longue redingote brune : son attitude est celle de tous les portraits graves. Il se tient debout près d'une table chargée de livres où il s'appuie d'une main. Tout le monde l'a reconnu d'un coup d'œil : c'est cette figure si française et rendue depuis bientôt quarante ans si populaire par la caricature politique encore plus, hélas ! que par le portrait sérieux ; c'est en un mot la figure de M. Thiers.

La ressemblance est fidèle, et cependant le premier coup d'œil n'a rien de frappant. L'artiste, Mlle Nélie Jacquemart, n'y a pas mis cette unité saisissante, cette simplicité expressive, ce grand caractère individuel qui sautait pour ainsi dire aux yeux dans ses autres portraits, et particulièrement dans ceux de M. Duruy et du maréchal Canrobert. L'ensemble a même au premier abord quelque chose de heurté, de discordant, d'un peu confus et presque de grimaçant. À quoi cela peut-il tenir ? La tête est d'un dessin consciencieux et ferme, d'une exécution habile ; les détails sont d'une finesse, d'une vérité remarquable, et tous les plans du visage sont observés avec une scrupuleuse exactitude. La bouche surtout est admirable, avec ses lèvres fines, arrêtées, un peu railleuses et presque parlantes, même au repos. Plus on regarde ce portrait, plus il s'anime ; les plans se marient, l'ensemble se recompose, la confusion cesse ; elle reparaît, si l'on détourne un moment les yeux, ou si l'on s'éloigne de quelques pas. Décidément il y a des défauts graves : les ombres sont trop heurtées, trop plombées pour cette tête pâle et blanche ; le relief est excessif et artificiel ; la touche est correcte, mais un peu méticuleuse. Le corps, malgré le savoir-faire déployé dans la redingote, n'a pas de forme humaine et ressemble à un sac de laine. Le bras droit s'affaisse mollement, englouti dans une manche aux plis épais et lourds. Pourquoi enfin donner au chef de l'état, dont tout le monde connaît la simplicité, cette physionomie et cette pose sévères ? M. Thiers porte plus allègrement le fardeau du pouvoir, et quelques-unes des grâces familières qui lui sont naturelles n'auraient certes pas déparé l'air de dignité qui convient au président de la république.

Ce n'est donc pas une œuvre de premier ordre ; mais ce n'est pas non plus, comme on l'a trop dit, une œuvre médiocre. C'est au contraire un bon travail, plein de conscience, d'intelligence et de talent ; il n'y manque que l'inspiration, l'expression communicative, le je ne sais quoi des œuvres conçues clairement du premier coup d'œil et exécutées d'un seul jet, sans tâtonnements ni ratures. Pour l'apprécier à sa juste valeur, il faut l'examiner en détail ; on a besoin de temps pour le voir, parce qu'il a fallu du temps pour le faire. On sent que le modèle lui-même a dû changer depuis les premiers coups de pinceau. Il faut enfin tenir compte à Mlle Jacquemart des grandes difficultés du sujet. Son talent n'a certainement pas diminué depuis l'époque où elle exposait les portraits de M. Duruy et du maréchal Canrobert. La personnalité de ces messieurs était sans doute plus facile à saisir que celle de M. Thiers. La nature vivante est beaucoup plus difficile à peindre que la nature morte, et un homme de premier ordre exerce et embarrasse beaucoup plus le talent d'un peintre que le premier modèle venu. Assurément il est possible de mieux faire ; mais combien y a-t-il d'artistes contemporains qui en soient capables ?

La plupart des portraits d'hommes exposés cette année sont plus que médiocres. Le lecteur nous pardonnera donc de ne pas lui présenter les images d'une foule de généraux, amiraux, officiers de marine, officiers de garde nationale et autres grands personnages remarquables seulement par leur uniforme. J'aime mieux m'arrêter quelques instants devant quatre œuvres d'un vrai mérite et curieuses à des titres divers ; je veux parler des portraits de M. About par M. Baudry, de M. Cavelier par M. Dupuis, de M. S... par M. Liévin de Wynne, de M. *** par M. Ricard.

Il y a longtemps que M. Baudry n'a paru dans nos expositions publiques ; depuis l'époque où il s'est mis en retraite dans son atelier du nouvel Opéra, il s'adonne exclusivement à la grande peinture murale et semble dédaigner un peu les petits tableaux de chevalet. Cette fois pourtant c'est presque en miniature qu'il s'est amusé à peindre la tête spirituelle de M. Edmond About. Ce petit tableau sur fond bleu, à la façon des vieux émaux, est une sorte de fantaisie du maître ; mais l'art n'y perd rien, et ce travail des moments perdus tiendra peut-être dans son œuvre un rang plus élevé qu'il ne s'en doute lui-même. Le brillant littérateur est représenté dans son fauteuil, à côté de sa table de travail, dans une tenue un peu excentrique qui sent plus l'atelier que le cabinet. Une toque de fourrures sur la tête, un paletot de fourrures entr'ouvert de la main droite, le coude rejeté sur le dossier du fauteuil, l'œil grand ouvert sous ses paupières épaisses et comme en observation devant le public, il a l'air de toiser du regard un interlocuteur absent et de méditer quelque trait satirique. La bouche, un peu serrée, est plus dédaigneuse que bienveillante ; c'est la bouche d'un railleur un peu brutal, le regard d'un esprit brusque, plus vif que profond, plus fertile en saillies qu'en idées. La touche, peut-être un peu pailletée, est grasse, empâtée même, et dans sa finesse elle rend à merveille les boursouflures d'une chair sanguine, colorée avec une verve et un brillant qui étonnent dans d'aussi petites proportions.

Le portrait de M. S... par M. Liévin de Wynne est incontestablement l'une des œuvres capitales du Salon. Il est difficile de juger un portrait sans en connaître le modèle. On jurerait pourtant, rien qu'à le voir, de l'exactitude de la ressemblance. Il y a un caractère de vérité, ainsi qu'une remarquable noblesse, dans cette grande figure d'homme à longue barbe blonde, si simplement posée, si simplement vêtue, debout, de trois quarts, la main droite sur la hanche, en habit noir, un chapeau à la main. L'expression du visage est aussi fière et aussi réservée que l'attitude ; les traits sont fins, calmes, réfléchis, modelés d'une touche grasse, pleine, souple et aisée. La coloration générale en est grave, brune, sobre, un peu sévère, mais d'une grande richesse de tons. Le fond, qui représente vaguement un paysage gris brunâtre, s'harmonise admirablement avec la figure. De qui s'inspire particulièrement M. Liévin de Wynne ? Est-ce de Van Dyck ou de Rembrandt ? Toujours est-il qu'il les continue dignement dans l'école flamande, et que ce tableau pourrait être mis sans trop de péril à côté de ceux des grands maîtres.

M. Ricard est un homme d'un vrai talent et d'un sens distingué, qui conserve, lui aussi, les grandes traditions de la peinture. Tous ses portraits ont du caractère, mais ils manquent peut-être un peu de simplicité et de franchise. Il expose cette année une figure de vieillard au long visage, aux longs cheveux, à la barbe blanche, d'un aspect froid et imposant. Le fond est, comme chez les vieux maîtres, coupé en deux parties, l'une sombre et noyée dans un clair-obscur brunâtre, l'autre plus lumineuse et figurant le ciel. La lumière tombe sur les plans du front, qui sont larges et beaux. Le nez est long et anguleux, le regard clair, les joues serrées, le menton mince. Ce portrait, qui n'est pas voyant, s'anime et grandit à mesure qu'on le regarde ; mais pourquoi le ton général en est-il un peu vieux et verdâtre ? Pourquoi M. Ricard s'amuse-t-il à donner à ses tableaux cette patine sombre, qui est bien celle des vieux maîtres, et qui rappelle la couleur de Van Dyck, mais de Van Dyck noirci par les siècles ? Pour donner du prix à ses toiles, M. Ricard n'a pas besoin d'en faire des pastiches du temps passé.

M. Dupuis n'est pas un homme arrivé, ni dont le talent paraisse encore tout à fait formé. Il y a des maladresses qu'il commet, ou plutôt des habiletés du métier qu'il ignore ; mais il y a aussi dans son portrait de M. Cavelier une sincérité de ressemblance et une force de modelé qui le classent au premier rang. L'éminent sculpteur est assis un peu de travers, penché en avant, une main sur le genou. Le raccourci de cette main, du bras, de la manche de l'habit et du genou lui-même est extrêmement faible. La tête maigre, fine, le visage creusé, la barbe grise, les yeux légèrement inégaux, le regard perçant et toutefois un peu vague, tout est pris sur le fait, étudié avec conscience et sagacité, rendu avec fermeté, largeur et scrupule. Si M. Dupuis était un très jeune homme, une œuvre pareille, malgré ses défauts, annoncerait un grand avenir.

Tout autres sont les défauts comme les qualités de M. Pérignon ; il expose cette année un portrait d'homme qui ne manque pas d'habileté ni d'élégance : c'est celui du brave et malheureux commandant Franchetti, tué le 2 décembre 1870 au combat de Villiers-le-Bel. On y sent un peu trop une main accoutumée à flatter son modèle et à recouvrir d'une élégance banale les grâces parfois un peu douteuses de nos soi-disant jolies femmes. Debout sur une colline, Franchetti observe l'horizon. Son manteau, ses gants, sa longue-vue, sont jetés négligemment à côté de lui. Le ciel est sombre, nuageux, mélancolique comme il convient au sujet, mais d'une tristesse convenable et modérée. Dans le creux d'un ravin, on aperçoit deux cavaliers qui attendent. Si le personnage manque un peu de vie, les accessoires sont traités avec goût, la touche sobre et adoucie, comme il convient au clair-obscur des salons.

M. Pérignon est bien mieux dans son élément quand il fait des portraits de femme. Celui de Mme Alboni était un sujet scabreux. Dans les portraits de femme, les défauts, au lieu de servir à marquer la ressemblance, doivent être fondus dans la masse générale. La netteté du modelé ne doit pas nuire à cet effet de rondeur et de fluidité qui caractérise les formes féminines. Que faire quand un excessif embonpoint dissimule la structure même ? M. Pérignon s'en est tiré avec beaucoup d'habileté. Il a représenté la célèbre artiste dans l'attitude la plus simple : debout, de face, un bras appuyé sur un piano, un cahier de musique à la main. Elle se détache sur un fond d'une couleur feuille-morte, assez sombre pour atténuer un peu la masse disgracieuse du corps, assez clair pour se marier aux blancheurs de la tête et des épaules. Sa physionomie calme, ses yeux bleus tranquilles, ses traits fins, reposés et beaux encore, ses épaules et ses bras, dont les opulents contours sont adroitement noyés, se modèlent avec discrétion et suavité. La couleur est aussi discrète que le dessin. L'auteur excelle dans cet art de voiler à demi la nature, et d'envelopper d'un clair-obscur décent les défauts qu'il doit révéler sans vouloir en faire parade.

En ce genre-là, M. Jalabert est depuis longtemps considéré comme un maître. Nul ne possède plus que lui, parmi les peintres qui en font métier, l'art d'embellir à ses propres yeux une jolie femme, et de graduer la couleur de ses toiles au demi-jour des boudoirs. Ses tons sont agréables sans être brillants, son dessin facile sans paraître lâché. Il a une certaine sensiblerie courante, sans trop d'exagération ni de mignardise, dont la mesure convient à merveille à cet élégant public féminin où il aime à choisir ses modèles. Sous ce titre, le Réveil, il expose cette année une vignette assez banale, figurant une jeune femme en costume italien qui tire un enfant de son berceau. Son œuvre la plus sérieuse est le portrait de la maréchale Canrobert. On pourrait dire de ce tableau que c'est une romance en bleu et en gris-perle, destinée à être chantée dans un salon, mais un peu effacée sur ce grand théâtre d'une exposition publique. La jeune femme est en buste, de profil, la tête tournée presque de face, avec des aigrettes de plumes bleues dans la chevelure, un corsage orné de rubans bleus, et un manteau blanc négligemment jeté sur ses épaules. Son cou mince et légèrement penché, ses épaules un peu tombantes, soutiennent avec une certaine indolence son long et élégant visage, dont les formes un peu trop anguleuses sont peut-être trop amollies. L'ensemble est fort gracieux. Cette fois pourtant le modèle n'est pas flatté ; malgré sa bonne volonté bien connue, l'artiste n'a pu l'embellir.

M. Giacomotti est plus coloriste que M. Jalabert, mais il est moins habile et moins élégant. Dans son portrait de Mme M. B…, il nous montre une jeune femme assise de profil, penchée en avant, les mains croisées sur ses genoux, et tournant la tête d'un mouvement brusque vers le spectateur, qu'elle regarde de côté avec un demi-sourire, d'un air moitié effarouché, moitié espiègle. Un manteau de velours noir flotte sur ses épaules ; des plumes de paon sont plantées dans ses cheveux blonds et frisés. L'ensemble est assez joli, mais d'une gentillesse un peu prétentieuse. La bouche est presque grimaçante à force de malice ; les plans des joues, assez vaguement modelés, aboutissent, on ne sait comment, à un menton légèrement pointu. Peut-être l'artiste avait-il quelque défaut à dissimuler dans ce jeune et aimable visage. Combien je préfère ceux qui ne prétendent pas corriger la nature, de peur de la gâter encore davantage en mettant une symétrie artificielle à la place de la secrète harmonie qui règne dans toutes ses œuvres, même les moins parfaites !

M. Faure a des qualités toutes différentes. Son portrait de Mme J… se distingue par la simplicité de l'attitude, presque par la froideur de l'expression. C'est une femme grande, mince, blonde, aux traits effilés, au regard calme et fier, qui se tient assise toute droite sur une de ces chaises carrées qui ne trouvent plus guère place dans le mobilier des femmes. Cette figure a un air de noblesse qui rappelle de loin les grandes dames des tableaux de Van Dyck. La touche, la couleur même, semblent imitées de ce maître. Pourquoi faut-il que nous ayons à reprocher à M. Faure le dessin négligé et insuffisant de ces belles mains effilées que Mme J… laisse traîner sur ses genoux avec une royale indifférence ? Il est fâcheux que de telles négligences viennent déparer une œuvre dont le grand mérite est de n'être ni affectée, ni banale.

M. Saint-Pierre est un dessinateur plutôt qu'un coloriste, ce qui ne l'empêche pas de tenter des effets de couleur très hardis, on pourrait même dire plus hardis qu'heureux. Le remarquable portrait qu'il expose cette année représente une jeune femme avec des cheveux d'un blond ardent, des yeux bleu clair relevés dans les coins à la chinoise, vêtue d'une robe bleu d'azur qui rappelle la couleur de ses yeux, le tout sur un fond blond doré qui ne s'éloigne guère du ton de la chevelure. Sa physionomie étrange, dédaigneuse et presque méchante, est rendue d'une touche dure, mais singulièrement expressive. Ce n'est pas du moins un modèle quelconque, servant de thème à un tableau quelconque ; c'est une personne vivante, qu'on reconnaîtrait au passage. Malheureusement les bras, le cou et la gorge ne paraissent pas aussi scrupuleusement copiés. Une autre figure du même auteur, la *Bacchante*, est adossée à un tertre de gazon, et se renverse en arrière sur une peau de tigre en élevant une grappe de raisin au-dessus de sa tête. Ce morceau, dont l'exécution un peu froide manque de la fougue que le sujet comporte, montre du moins comment l'artiste peut dessiner lorsqu'il s'en donne la peine.

M. Delaunay expose, comme M. Saint-Pierre, un sujet mythologique et un portrait de femme. Diane, au fond d'une forêt, descend dans le bassin d'une claire fontaine ; c'est une bonne étude, bien dessinée, solidement peinte, mais une composition sans naturel et sans intérêt. Au contraire le portrait de Mlle L... est une de ces figures saisissantes qui se gravent dans la mémoire et qu'on se figure avoir toujours connues quand on les a regardées une fois. La tête est brune, vivante, bien en relief, et vous regarde en face avec des yeux noirs, francs et animés. Les accessoires sont simples : un col blanc, un fichu bleu, une robe noire ; le fond est un treillis de verdure figuré feuille à feuille et non sans quelque affectation de réalisme. L'exécution, ferme, vigoureuse et franche, a cependant une certaine dureté, qui tient sans doute au cercle noir qui entoure toute la figure. Beaucoup de peintres ont aujourd'hui cette manie de détacher leurs contours à l'emporte-pièce, afin de leur donner une vigueur apparente. Ce procédé grossièrement enfantin a été mis surtout à la mode par quelques prétendus novateurs de la soi-disant école réaliste. Ignorent-ils donc qu'il n'y a rien de pareil dans la nature ? Les contours doivent au contraire se fondre dans l'air ambiant, et les lignes ne sont qu'un moyen de se rendre compte des masses en mesurant les plans d'ombre et de lumière. Bien loin de donner du relief aux figures, ces cercles noirs en font saillir les bords et en ruinent l'harmonie.

Faut-il parler de Mme Henriette Browne ? Son talent ne me semble pas en progrès. De la distinction, de l'esprit, du naturel, de la facilité, Mme Browne a gardé toutes ces qualités à la fois féminines et françaises, elle ne les perdra jamais ; mais jusqu'à présent elle n'a pas réussi à s'ouvrir un horizon plus large. Son *Alsace* est une jeune paysanne vêtue de noir, portant la croix rouge des ambulances, qui quête avec un plat d'étain rempli de pièces de monnaie. Nous n'avons rien de plus à en dire. Le portrait d'une femme assise, les bras croisés, avec des fourrures autour du cou, a plus de valeur sérieuse. C'est de la peinture aimable et saine, distinguée, quoique un peu bourgeoise, et spirituelle, quoique sans prétention.

Faut-il enfin parler de M. Dubufe ? Nous aurions préféré nous taire, par déférence pour le succès et pour le mauvais goût public. M. Dubufe est un de ces artistes enviés qui ont rencontré la vogue, et qui de leur vie n'ont fait une véritable œuvre d'art. Il a été l'élève de Paul Delaroche, dont il ne semble avoir appris qu'à vernir ses toiles et à ne pas y laisser un grain de poussière. C'est le Blaise Desgoffes du portrait. Ses personnages ressemblent tant à des figures de cire qu'on les prendrait volontiers pour des natures mortes. Ses tableaux luisants de propreté attirent forcément les regards. Voici par exemple une grande figure en casaque bleu tendre et en manteau jaune, qui ne peut manquer d'être vue. Femme ou poupée, je ne saurais trop dire ; — ce qu'il y a de certain, c'est qu'elle a la plus grande envie qu'on la remarque ; elle n'aurait pas fait si belle toilette pour passer inaperçue. Oui sans doute, M. Dubufe est un incomparable tailleur pour dames ; il connaît à merveille toutes les pièces de leur vêtement, et cependant il habille trop volontiers ses clientes comme des perruches. Pour ma part, je préfère aux poupées de M. Dubufe le *Polichinelle* de M. Vollon ou le *Magot japonais* de M. Saintin ; ils ont certainement plus de vie.

Passons condamnation sur le portrait ; c'est la *Medgé*, disent ses admirateurs, qui le vengera de nos critiques. Voilà de la couleur, du modelé, de la lumière, de la volupté, du soleil ! On croirait voir la *Salomé* d'Henri Regnault ! — Cela est vrai, M. Dubufe a essayé de faire tout cela, mais comme un maître d'écriture fait de la gothique ou de la ronde, quand il est las de la cursive ou de l'anglaise ; il a cherché à imiter notre regretté et éternellement regrettable Henri Regnault, comme un calligraphe imite l'écriture d'autrui. Il s'est dit : Je veux être coloriste, et il a entassé les tapis, les coussins de soie, les bijoux brillants, les ornements bariolés ; il a mis de grandes plaques de bleu d'azur à côté de grandes plaques de vermillon, et il ne s'est pas aperçu que sa pauvre odalisque, si maladroitement couchée au milieu de ces splendeurs criardes, en pâlissait encore davantage, qu'elle était maigre de dessin, faible de modelé, grisâtre de ton, et que son terne et insignifiant visage ressemblait à une tête de carton.

Pour nous reposer de l'affadissement que nous ont laissé les portraits de M. Dubufe, arrêtons-nous un instant devant les deux toiles de M. Carolus Duran. Enfin voici un peintre, un de ceux devant lesquels on s'incline, lors même qu'on doit les critiquer. Son œuvre est sujette à controverse, mais personne ne peut lui dénier une étonnante puissance de couleur, une incomparable vigueur de modelé, une merveilleuse possession de tous les moyens de son art, même dans ses hardiesses les plus scabreuses, et surtout une originalité qui subjugue ceux même qu'elle est loin de charmer. À quelle école appartient M. Carolus Duran ? Descend-il des Flamands, des Espagnols, ou ne relève-t-il que de lui-même ? Cela est bien difficile à dire ; mais il me semble que c'est ainsi qu'aurait peint l'Espagnol Goya, s'il n'avait pas tant abusé du noir, et s'il avait été un amant convaincu de la réalité au lieu d'un fantaisiste et d'un poète.

Le public, et c'est l'essentiel, subit involontairement l'ascendant de ces toiles. Je vous défie d'entrer dans la salle où elles sont exposées sans que vos yeux s'attachent malgré vous à ce portrait de femme robuste, aux cheveux d'un roux ardent, largement et simplement assise sur un canapé de satin marron, vêtue d'une robe gris de fer à revers de velours noir, les pieds posés sur un tapis d'un vert presque criard, une main gantée sur ses genoux, l'autre bras appuyé au dossier, et agitant un éventail de plumes rouges, qui se découpe, comme sa tête, sur un fond bleu verdâtre. Le contraste de toutes ces couleurs, est d'une hardiesse incroyable, et accable l'œil autant qu'il le captive. Il y a dans leur harmonie audacieuse quelque chose d'âpre, de mordant, de sauvage, comme dans un concert uniquement composé d'instruments de cuivre. Elles ont la saveur étrange de ces instruments, dont la dissonance naturelle augmente, comme on sait, la sonorité de la note dominante. Ce tableau, écrase tous ceux que leur malchance a placés autour de lui ; tous les moindres détails y sont figurés avec un relief, une vérité, un éclat impitoyable. Néanmoins la tête, les bras, la gorge, toute la personne vivante placée au beau milieu, ne souffrent pas du voisinage ; ils gardent toute leur vigueur et s'élèvent sans effort au niveau de cette gamme étourdissante. On se rappelle qu'il n'en était pas de même dans le portrait de Mme Feydeau, où la tête semblait un peu éclipsée par la splendeur des étoffes. Cette fois la difficulté a été abordée de front, et surmontée de haute lutte.

L'autre portrait, fort différent, est pourtant bien de la même main. L'autre femme était rousse, celle-ci est brune, mais elles ont un grand air de famille. C'est une symphonie en rose et en gris, au lieu d'une symphonie en rouge et en vert. L'effet en est plus doux, mais l'orchestration n'en est pas moins riche ni moins, savante. La dame est debout, et se présente de trois quarts dans une posture ferme et aisée. Elle tient une fleur à la main, et c'est cette fleur, une capucine, si je ne me trompe, qui remplace l'éventail rouge et donne le ton au tableau. Elle a le teint rose et jeune malgré un commencement d'embonpoint qui lui alourdit les traits ; elle se tient dans une serre ornée de fleurs, dont les teintes discrètes et un peu maladives pâlissent devant elle. On critique, au point de vue de la couleur, la manière dont ces fleurs sont rendues, et l'on se plaint qu'elles n'aient pas assez d'éclat. L'artiste aurait pu facilement éviter ces critiques ; il suffisait pour cela de donner un fond sombre à son tableau ; mais c'est justement la blancheur et la clarté répandues partout qui en font le charme. D'ailleurs la puissance du tableau n'y perd rien : on n'a qu'à voir la pauvre figure que font autour de lui ses voisins.

Un autre reproche mieux fondé, c'est que M. Carolus Duran n'embellit point ses modèles, que même il les enlaidit quelque peu, défaut pour un *peintre de dames*. Oui sans douter M. Duran est ce qu'on appelle un réaliste, et il faut avouer qu'il n'a pas un sentiment très délicat de la grâce féminine : en fait de beauté, il préfère celle qui s'allie à l'opulence des formes et à la force brutale, mais il n'est pas vrai qu'il *encanaille* ses modèles. Il rend la nature telle qu'il la voit, et, s'il ne l'idéalise pas de parti-pris, il ne la dégrade pas non plus à plaisir, comme il arrive quelquefois à celui qui s'intitule orgueilleusement le chef de l'école réaliste. Je jurerais que M. Carolus Duran n'a aucune de ces prétentions malsaines. Ce qui est haïssable dans l'art, ce n'est point la réalité, c'est l'esprit de système, le raffinement qui corrompt le sentiment sincère, l'affectation également condamnable dans un sens comme dans l'autre, soit qu'elle s'applique à exagérer les vilains côtés de la nature, soit qu'elle essaie vainement de les dissimuler. M. Carolus Duran n'a aucun de ces deux travers ; c'est un artiste sincère, et voilà pourquoi il a peut-être l'étoffe d'un grand peintre.

Passer de M. Duran à M. Hébert, c'est quitter la réalité pour le rêve. M. Hébert a toujours eu des tendances très idéalistes. Son goût persévérant pour les sujets tristes et pour les grâces maladives n'est qu'une des formes de ce besoin qu'il a de spiritualiser la nature en dégageant l'âme du corps. Cette fois cependant il dépasse les bornes permises. Son portrait de la marquise de J... peut être d'un joli sentiment, mais il n'a rien de terrestre. On se demande où habite l'âme qui laisse évanouir ce corps en fumée. On ne dirait pas une femme de chair et d'os, mais un brouillard condensé par un rayon de lune. La marquise, ou plutôt la fée, est assise toute droite dans un fauteuil gothique, les mains croisées sur ses genoux, noyée dans une robe blanche vaporeuse, un diadème sur la tête, le cou orné de perles limpides comme des gouttes de rosée, semblable à une reine jeune mariée qui s'assied pour la première fois sur son trône. Il y a des tons très fins dans ces blancheurs, les yeux noirs ont un regard doux et voilé, mais le visage est indécis et flottant ; la gorge, les bras, les longues mains effilées, sont d'une fluidité désespérante. Lorsqu'on immatérialise à ce point la peinture, on s'expose à faire regretter ceux qui ont le travers opposé. Le jury, qui a ouvert la porte toute grande au tableau de M. Hébert, aurait dû, pour être impartial, l'ouvrir également à la *femme vue de dos* de M. Courbet.

Un autre essai malheureux de mysticisme archaïque est *la Giacomina*, portrait florentin de M. Cabanel. L'auteur vient, dit-on, de voyager en Italie. Il s'est beaucoup pénétré des ravissantes fresques de fra Angelico, et c'est en souvenir de son voyage qu'il nous rapporte cet ange de paravent au visage terne, avec sa robe plate en forme de chasuble. Se peut-il en vérité que ce vulgaire échantillon de papier peint soit détaché des fresques du divin moine de Fiésole ? On le dit, et il faut bien le croire ; mais que vous êtes dégénérée, ô Giacomina, depuis que vous avez quitté les murailles du saint lieu pour venir vous fixer sur cette toile profane ! Je crains bien que vous n'ayez perdu votre âme dans l'atelier de M. Cabanel, sans cependant y trouver un corps. Si vous m'en croyez, vous renierez votre nouveau maître, et vous irez reprendre votre place vide au monastère, parmi les séraphins du paradis, qui, j'en ai peur, ne vous reconnaîtront plus.

Avec M. Lefebvre, nous revenons sur la terre, et nous sommes certains de ne jamais la quitter. M. Lefebvre, quoique très jeune encore, n'est pas un homme d'une imagination mélancolique ou déréglée. C'est tout simplement un artiste intelligent, consciencieux, vraiment épris de la nature : voilà pourquoi ses premiers essais ont été presque des coups de maître. Peut-être seulement pourrait-on lui reprocher une certaine monotonie, qui n'est pourtant pas de la stérilité. Il débutait, il y a quelques années, par une magnifique étude de femme couchée. Au dernier Salon, il nous donnait la Vérité sortant de son puits ; cette fois il nous présente sous le titre de *la Cigale* une jeune femme aussi dépourvue de vêtements que ses devancières. Ce choix des sujets n'est pas un hasard, c'est une véritable vocation. Les formes féminines lui donnent l'occasion de déployer son talent de dessin peut-être un peu sec, mais toujours fin et précis. Toutes ses qualités ordinaires se retrouvent dans *la Cigale*. La pauvre bestiole est toute jeune encore ; elle est nue, il fait froid. La bise souffle, agitant un reste d'écharpe avec lequel elle essaie vainement de se couvrir. Elle se blottit contre la muraille et croise les bras sur sa poitrine par un geste aussi vrai que charmant. Son visage, un peu rougi par le vent du nord et peut-être par les larmes, regarde au hasard avec une expression d'étonnement et de honte ; mais, faut-il le dire ? toutes ses intentions se devinent plus qu'elles ne se traduisent. Sans les feuilles mortes qui tourbillonnent, le bout de draperie secoué par la bise et les flocons de givre répandus sur le sol, on ne saurait pas que la pauvre fille a froid ; on la croirait seulement un peu intimidée de se voir nue. C'est le défaut des compositions de M. Lefebvre : elles ne sont pas parlantes. Il s'absorbe trop dans l'étude du modèle pour l'animer de sa propre pensée. En revanche, quel talent pour le portrait ! Celui de Mme G. C... est presque un chef-d'œuvre. Selon les habitudes de l'auteur, qui cherche les difficultés pour avoir le plaisir de les vaincre, la figure se présente de face, en plein jour, toute modelée dans le clair. La tête est légèrement inclinée en avant, le nez droit, un peu long, la bouche nette et ferme, le menton un peu anguleux. Du fond de l'arcade sourcilière, les yeux grands ouverts vous regardent fixement, de grands yeux d'un bleu clair, à la fois timides et hardis, inquiets et étincelants. L'attitude du corps complète la physionomie. La jeune femme, simplement vêtue d'une robe noire, est assise sur un fauteuil de soie jaune (la couleur favorite de M. Lefebvre), les mains croisées, le buste droit, mais tourné un peu de côté, comme une personne d'un caractère à la fois craintif et décidé, énergique et un peu farouche. Il semble, tant ce caractère est visible, qu'on y lise comme dans un livre. Grâce à une exquise précision de la forme, l'âme est transparente à travers son enveloppe, car, n'en déplaise aux mystiques qui négligent ou méprisent la forme, c'est surtout en fait d'art qu'il faut dire avec Aristote que « l'âme est la forme du corps. »

Il ne faut pas dissimuler à M. Humbert que depuis quelques années il ne justifie pas entièrement les grandes espérances qu'il nous avait données. Il est coloriste cependant, ce que n'est guère M. Lefebvre ; on pourrait même dire qu'il l'est trop. Entraîné par le plaisir des yeux, il se laisse aller quelquefois à des fantaisies juvéniles et à des compositions imparfaites où, pour parler la langue des ateliers, le *chic* remplace trop souvent les qualités sérieuses. Sa *Tireuse de cartes* n'est certainement pas une œuvre sans mérite ; mais, quoiqu'il ait cherché à la rendre étrange, elle ressemble vaguement à une vignette de *la Vie parisienne*. Cette jolie tête, fine, mais un peu plate, ces lèvres peintes d'un vermillon trop vif pour être naturel, cette robe rose, cette écharpe rouge, cette ceinture de pierreries, tous ces oripeaux d'assez mauvais goût où se joue la palette exubérante de M. Humbert, l'attitude même, aisée, mais sans noblesse, tout nous porterait à croire qu'au fond son *Héléna* n'est qu'une lorette en costume de bal masqué. Aussi préférons-nous de toute façon le *Saint Jean-Baptiste enfant prêchant dans le désert*. Il y a dans cette toile un effort sincère dont il faut savoir gré à l'auteur, lors même qu'il n'aurait pas complètement réussi. Ou je me trompe fort, ou bien il a voulu marier le style des grands maîtres italiens avec le réalisme expressif des écoles espagnoles et flamandes. Il y a du Léonard de Vinci dans la composition et dans le dessin ; il y a du Ribera et presque du Rembrandt dans l'expression extatique, inspirée, réaliste, dans le geste exagéré du jeune prophète. Il est à moitié couché sur un rocher, au pied d'un buisson, dans une solitude montagneuse ; d'une main il tient la croix, de l'autre il montre le ciel du doigt. Le corps nu est d'un dessin très remarquable, surtout la jambe qui se présente pliée, de face, et dont le raccourci est très puissant ; mais la tête, entourée de cheveux roux échevelés, manque de relief et de vigueur. M. Humbert, qui aime trop les raccourcis, modèle souvent ses têtes de face et sans ombre, de sorte qu'à distance elles font l'effet de surfaces planes.

Nous voudrions signaler encore un charmant portrait d'enfant de M. Henner : c'est un jeune garçon vêtu de drap noir, debout, sa toque à la main, dans une attitude simple et déjà virile, avec toute l'expression et toute la fermeté que comporte l'indécision des traits naturelle à cet âge ; — puis un joli portrait de jeune fille tenant une épée, par M. Jacquet, œuvre fine, fraîche et gracieuse, quoique sans beaucoup de vigueur ; — puis deux *Ophélie* blafardes de M. Bertrand, qui, depuis le succès de *sa Jeune naufragée*, paraît voué aux femmes noyées pour le reste de ses jours ; — enfin une étude de femme nue endormie sur un canapé, par M. de Gironde, excellente étude, un peu dure peut-être, quoique ferme et chaude, qui rappelle, avec plus de couleur, les débuts de M. Lefebvre. On ne saurait parler de tout, et pour employer un néologisme contemporain du Salon de cette année, les *canapéistes* sont trop nombreux pour qu'on leur accorde un chapitre spécial.

Ce n'est d'ailleurs pas en ce genre, estimable, mais inférieur, que nous trouverons l'oiseau rare, le maître tableau que tout visiteur consciencieux et méthodique cherche à découvrir au Salon. Jusqu'ici nous avons vu beaucoup d'œuvres respectables, quelques morceaux de peinture supérieure ; mais, sauf les portraits de M. Carolus Duran, qui indiquent surtout un tempérament, nous n'avons rien trouvé qui s'impose. Le trouverons-nous dans les tableaux d'histoire ou dans les tableaux de genre ?

II

C'est une étrange institution que celle de la grande médaille d'honneur, et je doute fort qu'elle fasse naître beaucoup de chefs-d'œuvre. Les jurés, que l'on charge d'en désigner un chaque année à l'admiration publique, doivent être parfois bien embarrassés. Cette fois, selon nous, ils n'avaient pas à hésiter. Le premier prix revient de droit à M. Jules Breton pour ses deux admirables tableaux de la *Fontaine* et de la *Jeune fille gardant des vaches*.

Deux jeunes filles de la campagne se rencontrent le soir auprès d'une fontaine ; l'une est debout, le bras replié au-dessus de sa tête, et, saisissant des deux mains sa cruche placée sur son épaule, elle se prépare à la déposer ; l'autre, accroupie devant elle, remplit son pot de terre à la fontaine, en levant les yeux vers sa compagne ; sa bouche entr'ouverte semble sourire vaguement. Voilà le sujet bien simple sur lequel M. Jules Breton a su faire une de ces œuvres de grand style qui sont à elles seules tout un poème. Et, remarquez-le bien, il y est parvenu sans aucun de ces moyens extérieurs, sans rien de ce charlatanisme en usage chez les peintres pour attirer l'attention en frappant les yeux. Il ne nous a conduits ni sous le ciel d'Italie, ni sous le ciel l'Orient ; le paysage est uniforme, — pas d'accidents qui amusent le regard : des landes, de maigres prairies, quelques broussailles et un triste horizon où des lueurs fines et argentées luttent avec les brouillards. La couleur est un peu sourde, car M. Breton n'est pas un coloriste de métier, et il peint moins pour le plaisir de peindre que pour exprimer un sentiment. La fontaine elle-même n'est pas une de ces ruines somptueuses où les amateurs de couleur locale aiment à placer de belles Italiennes dans leur brillant costume national ; c'est une pauvre petite source isolée au milieu des champs, jaillissant presque à ras de terre, et humble comme tout ce qui l'environne. Quant aux deux jeunes paysannes, coiffées de leur petit bonnet rond, vêtues de leurs vilaines cotonnades, avec leurs grosses jupes retroussées pour le travail, ce ne sont ni de belles contadines romaines, ni des nymphes de fantaisie ; ce sont de pauvres servantes, absorbées par les rudes travaux, vivant simplement, pensant de même, et ne voyant pas grand'chose au-delà du labeur de chaque jour. Pourtant elles sentent et elles rêvent ; il y a dans leurs regards, dans leurs attitudes, une certaine mélancolie, qui s'accorde avec la nature et avec l'heure du jour ; elles ont cette noblesse calme et simple, cette grâce naturelle que rien ne saurait imiter, et dont la vérité naïve dépassera toujours les effets de théâtre et les poses d'atelier les plus savantes. Celle qui est debout ressemble à une cariatide grecque. Les critiques minutieux qui épluchent toutes choses vous diront peut-être que cette pose est empruntée à *la Source* de M. Ingres. Non, M. Breton n'est pas un plagiaire. Il a choisi cette attitude comme il a dessiné les plis de cette grosse robe de serge si largement drapée, parce qu'il l'a prise sur le fait, et qu'il est un de ces artistes supérieurs dont les œuvres ne sont pas des compilations pillées dans les académies et les musées, mais des créations spontanées de leur génie, et qui trouvent la beauté sans effort, parce qu'à leurs yeux l'idéal et la réalité ne font qu'un.

M. Breton est arrivé aujourd'hui à toute la maturité de son talent. C'est sans doute à cause de cela qu'il devient moins populaire, et non pas à cause de l'affaiblissement qui se fait peut-être sentir dans son exécution. La foule se pressait devant ses toiles quand il faisait des tableaux de genre, des scènes de village, des vignettes pittoresques et amusantes. Elle l'admirait encore et s'attendrissait avec lui quand il nous représentait ces groupes charmants de faneuses dont la mélancolie se mariait à celle du soleil couchant. Le gros public a cessé de le comprendre quand cette poésie facile est devenue plus profonde et plus grave. Lui-même a paru chercher sa voie pendant quelque temps. Aujourd'hui toute trace d'imitation et d'effort a disparu. Il est en pleine possession de sa pensée, et cette pensée est bien à lui. Malheureusement M. Breton est un solitaire dans l'école moderne. Personne ne lui ressemble, personne ne l'imite, et son art périra avec lui.

L'originalité de M. Breton est peut-être encore plus frappante dans son tableau, d'ailleurs plus imparfait, de la *Jeune fille gardant des vaches*. Dans une prairie entourée de grands arbres, comme les *cours* des fermes du pays de Caux, une bergère s'est laissée tomber assise sur le gazon, à l'ombre d'un pommier, et, soulevée sur sa main droite, elle se penche en avant, les yeux vaguement fixés devant elle, avec un air de rêverie calme et profonde. Deux vaches paissent à quelque distance, et plus loin, sous la futaie, on aperçoit la chaumière natale. Il n'y a pas d'horizon ; on ne devine le ciel que par les rayons du soleil qui illuminent la clairière ; les arbres le cachent de tous côtés, et semblent enfermer dans ce nid rustique les pensées de la jeune fille, comme les pas du troupeau qu'elle garde. A quoi réfléchit-elle ? Elle ne saurait le dire. Pourquoi cette vague tristesse sur son front pur et dans son œil limpide ? Ce n'est pas de la tristesse, c'est du repos. Rien qu'à la voir, on devine toute une existence de travaux monotones, de souffrances patiemment supportées, de contemplations vagues, de songes à peine éclos, de plaisirs simples et tranquilles, une vie encore à moitié végétative, comme celle des animaux des champs. Cette âme à moitié endormie s'éveille parfois sourdement ; elle s'écoute vivre, mais elle ne cherche pas à s'envoler de terre ; elle reste, comme ces bonnes vaches, attachée au sol qui la nourrit, et aux ombrages de l'enclos paternel. Dirons-nous maintenant qu'il y a dans ce tableau quelques imperfections de dessin, que le paysage, si original, si expressif, ressemble peut-être un peu dans sa gaucherie volontaire à un joujou de Nuremberg ? Tout cela est vrai, mais ce tableau parle, et ce paysage enfantin est lui-même un morceau du poème qu'il raconte. C'est ainsi que doit le voir la simple et naïve créature dont il résume toutes les pensées. Je sais bien que c'est là une voie dangereuse : il ne faut pas trop encourager les peintres à s'affranchir de la vérité pour faire exprimer à la nature les sentiments de l'âme humaine. On peut cependant l'essayer sans péril quand on a le goût exquis et sûr de M. Jules Breton.

Voulez-vous mesurer d'un coup d'œil toute la distance entre un véritable artiste et un habile fabricant ? Passons de M. Breton à M. Bouguereau, un homme de talent, lui aussi, qui excelle dans le genre artificiel auquel il s'est adonné. Malheureusement M. Bouguereau a voulu changer de manière ; il a voulu, une fois par hasard, sortir du convenu, et il s'est appliqué à peindre sérieusement une *Faucheuse* dont il a essayé de faire une vraie paysanne comme celles de M. Breton. La figure n'est pas mal posée, le dessin n'est pas précisément mauvais, la couleur est peut-être moins factice que d'habitude ; mais il suffit que M. Bouguereau ait voulu sortir de son atelier et s'affranchir de la convention qui y règne, qu'il ait affronté le grand soleil des champs et le plein jour de la réalité, pour que tous ses efforts soient restés vains. Sa *Faucheuse*, malgré un grand étalage de muscles, n'est qu'une poupée mesquine et molle. À côté de là, regardez son tableau intitulé *Pendant la moisson*. Un modèle costumé en Italienne joue avec un joli petit Jésus couché sur une gerbe, à l'ombre d'un bosquet de paravent. Cela est faux, mignard, mais plus sincère et plus vrai que la *Faucheuse*. Ici du moins l'artiste ne force point son talent ; il est rentré dans son atelier, dont il ne devrait jamais sortir.

Dans un autre genre, M. Berne-Bellecour a disputé, dit-on, à M. Jules Breton, la médaille d'honneur. On ne saurait contester à son *Coup de canon* des qualités à la fois très aimables et très sérieuses, beaucoup d'intelligence, une composition simple, aisée, spirituelle, et une franchise du meilleur aloi dans l'exécution. Le principal personnage du tableau est, comme son titre l'indique, une pièce de canon, ou plutôt le bastion sur lequel cette pièce est posée, et dont les talus en terre éboulée, soutenus par des tonneaux et des fascines, occupent près de la moitié de la toile ; on ne voit que très peu de ciel au-dessus des personnages, et cette disposition fort intelligente ajoute beaucoup à l'effet sinistre de la scène. Quant au canon, qui vient de tirer et qui fume encore, il est là, immobile sûr son affût. Un canonnier, non moins immobile, se tient droit derrière, et en bouche la lumière de la paume de sa main. Les autres artilleurs, accoudés au parapet, observent l'effet du coup qui vient de partir. Parmi eux, un officier braque sa longue-vue sur l'horizon. Si les poses ne sont pas très variées, elles sont naturelles ; les personnages paraissent groupés au hasard, et cependant ils sont bien groupés. L'art de la composition y est réel, et néanmoins il se dissimule à force de se faire oublier. Les valeurs sont justes, la touche sobre et assez ferme, moins puissante pourtant que celle de Meissonier, dont le procédé est tout différent. Tout cela est saisi sur le vif et comme photographié sur nature. Je ne serais vraiment pas bien étonné si l'auteur avait demandé son inspiration première à la photographie.

Les scènes militaires de M. Berne-Bellecour peuvent être admirées outre mesure ; elles n'en méritent pas moins une estime sérieuse. Il n'en est pas de même de l'inévitable M. Protais, qui nous revient avec son cortège accoutumé de troupiers sentimentaux, de sergents romantiques, de zouaves élégiaques et de jolis officiers larmoyants dont l'intéressante pâleur attendrit le cœur des bourgeoises et remue la fibre sensible des prudhommes de tout sexe et de tout âge. Si tendres et si héroïques, serait-on tenté de s'écrier, si malheureux et si distingués ! Toutes les mères seraient fières de les avoir pour fils et toutes les jeunes filles heureuses de les prendre pour maris. Aussi M. Protais est-il, comme d'habitude, le candidat préféré d'une grande partie du public, la plus nombreuse, celle qui vient se promener au musée pour y chercher des émotions et pour en rapporter précieusement le doux souvenir des larmes qu'elle a failli verser. Heureusement ce public-là n'a pas voix au chapitre.

M. Protais est un exemple curieux de ce que peuvent la persévérance et l'esprit de conduite pour fonder une renommée. Cet artiste, qui ne manquait ni de goût, ni d'étude, mais à qui la nature avait refusé les vraies qualités du peintre, s'est voué de bonne heure au soldat, toujours populaire en France, et au soldat sentimental, toujours agréable aux dames. D'ailleurs la monotonie de l'uniforme militaire, exécuté par un procédé mécanique, lui permettait de déguiser la nullité de sa couleur et la pauvreté de son imagination. Ses premiers essais furent médiocres et n'obtinrent que des succès de sentiment. Peu à peu le métier lui vint ; il acquit une certaine habileté dans la fabrication du soldat, — je dis du soldat d'infanterie, car sa spécialité ne s'étend pas à la cavalerie. Depuis ce temps, il ne cesse de fabriquer des soldats, et il en fabriquera jusqu'à ce que mort s'ensuive. A chaque exposition, il en choisit une quinzaine dans sa boîte, les groupe, les arrange, les nettoie, leur met une épée au côté, un fusil sur l'épaule, un képi dans la main ou un shako sur la tête, surtout une larme dans le coin de l'œil, et voilà un tableau qu'on admire. A force de lui voir faire la même chose, le public le reconnaît et lui sourit comme à une vieille connaissance. Sa stérilité même est une des raisons de son succès. Il est célèbre, et ses tableaux se vendent cher. Que peut-on lui demander de plus ?

Dans son tableau intitulé *la Séparation* (*armée de Metz*), un groupe d'officiers français rassemblés sur une éminence pleurent en se serrant les mains ; à leurs pieds, l'armée prisonnière et désarmée défile entre deux haies de soldats prussiens et salue ses chefs, en passant, d'une dernière acclamation patriotique. Dans l'autre toile, intitulée *Prisonniers, environs de Metz*, des soldats assis par terre et dispersés dans, une triste plaine boueuse pleurent silencieusement, la tête dans leurs mains, sous la garde de quelques sentinelles prussiennes, qui se promènent lentement l'arme au bras, le casque en tête, au milieu de cet affreux bivouac. Les officiers sont assez habilement, groupés dans le premier tableau ; dans le second, la silhouette du casque à pointe qui se dresse immobile devant l'horizon au milieu de ces groupes prosternés, accablés par la fatigue, la misère et la honte, représente assez bien la force brutale jouissant de sa victoire. Pourtant cette peinture est creuse, terne, grise, insignifiante ; on peut en dire ce qu'un homme d'esprit disait d'un sot de ses amis : « il est si nul qu'il n'est même pas bête. »

Non, les peintures de M. Protais ne peuvent pas être considérées comme une revanche des pénibles événements qu'il aime à nous représenter. S'il voulait raviver nos douleurs patriotiques, il fallait le faire à la façon virile de M. Schutzenberger, dont le tableau d'*Une famille alsacienne émigrant en France* est un véritable cri de haine. La dureté, la violence, la brutalité réaliste, tous les défauts de ce tableau tendent à en augmenter l'effet et à exprimer plus fortement la passion qui l'inspire. Les émigrants sont encore dans la rue de leur village ; ils s'en vont d'un pas ferme, le père de famille en avant, tenant son jeune fils à la main ; la mère chemine à côté de lui en sanglotant, avec un enfant dans ses bras. Une petite fille marche à côté d'elle, une main accrochée à sa jupe rouge, se tenant de l'autre à son jeune frère, qui s'avance à grands pas, avec l'insouciance de son âge. Derrière vient la famille, jeunes gens et jeunes filles, soldats blessés et désarmés, le bras en écharpe, une blouse jetée sur leur uniforme, escortant un chariot chargé de tout le mobilier de la maison. Un jeune homme à cheval conduit l'attelage en faisant claquer son fouet, qu'il élève d'un geste énergique, comme s'il avait hâte de quitter ce lieu, souillé par l'étranger. Les voisins sortent de leurs maisons, et serrent la main des exilés sans pouvoir retenir leurs larmes. Des oies et des poules s'enfuient effrayées. À droite, une sentinelle prussienne monte la garde à la porte d'une cour ; à gauche, la silhouette d'un officier prussien se montre à une fenêtre. La couleur est dure, ligneuse, d'un ton de brique : les figures sont cerclées, et la perspective manque ; mais les expressions sont énergiques et simples, les attitudes vraies, pleines de mouvement et de vie, et les imperfections même semblent conspirer à la vigueur de l'ensemble.

M. John Lewis Brown n'est pas, lui non plus, de l'école de M. Protais. Dans le dessin comme dans la couleur, il recherche l'énergie et ne recule pas devant la violence. Si sa couleur est un peu criarde, si son dessin est souvent imparfait et heurté, ni l'ardeur, ni la conviction ne lui manquent. La *Charge de Reischoffen* accuse d'ailleurs un progrès sensible. Sur un cheval blanc lancé au galop, bien que criblé d'affreuses blessures et inondé de sang, un trompette de dragons chancelle, la tête renversée, le bras étendu ; d'une main il laisse échapper son clairon, de l'autre il serre convulsivement les rênes de son cheval, qu'il fait cabrer en tombant. Tout autour de lui, au milieu des fumées confuses qui montent vers le ciel, des chevaux roulants, des cadavres épars, tous les débris du carnage jonchent la verte prairie, qui seule garde sa fraîche parure au milieu de cette scène d'horreur. Quand M. Brown aura complètement discipliné son talent, plus fougueux que réfléchi, on pourra porter sur son compte un jugement définitif.

Le Bivouac devant Le Bourget, de M. A. de Neuville, est une de ces compositions libres, animées, faciles, et qui semblent un peu décousues, mais qui sont très savantes avec toute l'apparence du hasard. La plaine est couverte de soldats de toutes armes : fantassins, cavaliers, *lignards*, zouaves, chasseurs, gardes nationaux, gardes mobiles, pantalons rouges, pantalons noirs, capuchons bleus, capotes grises, et jusqu'au burnous blanc d'un Arabe qui galope sur la route. Des officiers, des ordonnances, vont et viennent de tous côtés ; c'est le pêle-mêle inséparable d'un campement improvisé après un combat. Ceux-ci essaient d'allumer du feu sur la terre humide et froide ; ceux-là se couchent où ils se trouvent et s'endorment dans le fossé. Au fond, quelques maisons brûlées, trouées de boulets, dressent leurs pignons noircis. Cependant le vent souffle, la foule bariolée s'agite, le désordre est partout, et la confusion nulle part ; — je veux parler du tableau, bien entendu, et non pas de l'armée. Cette toile est peut-être la meilleure de M. de Neuville et l'une des meilleures de ce Salon.

M. Henri Lévy, dont on parlait aussi pour la médaille d'honneur, mérite certainement d'occuper une place à part. C'est un des seuls peintres, le seul peut-être parmi les exposants de cette année, qui sache aborder sans y succomber les grandes compositions historiques et théâtrales. Il a tout ce qu'il faut pour de pareils sujets : science de composition, coloris brillant, imagination dramatique. Son talent, nourri de l'étude des grands maîtres du temps passé, n'a rien de commun avec l'école académique qui a marqué le commencement de ce siècle. Ses modèles sont les Vénitiens et les Flamands, Véronèse et Rubens ; mais il ne parvient pas à remonter si haut, et ses plus proches parents sont ces peintres qui ménagèrent la transition entre l'art des Poussin, des Lesueur, des Lebrun, et l'école plus légère du XVIIIe siècle. Est-ce l'analogie des costumes, est-ce l'aspect oriental ? Son Hérodiade me fait l'effet d'un beau tableau de Lemoyne arrangé par un homme d'esprit qui a subi l'influence de Delacroix. La femme d'Hérode est assise sur une sorte de trône, dans un de ces édifices ornés de colonnes et tendus de riches draperies, qui, depuis Paul Véronèse, sont en possession d'abriter les tableaux d'histoire ancienne. Une esclave jaune couchée à ses pieds remplit le devant du tableau, j'allais dire du théâtre. La jeune fille se présente à sa mère d'un air dégagé, la gorge nue, le corps drapé dans des étoffes légères, chatoyantes, et prétentieusement entortillées ; de ses deux bras tendus, elle lui pressente un plat qui porte la tête de saint Jean-Baptiste, et en même temps elle se tourne vers l'auditoire, comme pour demander si elle joue bien son rôle. Dans le fond, une esclave noire soulève un rideau brillant ; un coin de ciel apparaît dans le haut, comme dans les colonnades des tableaux de Véronèse. La couleur est riche, éclatante, mais un peu cherchée. Enfin pourquoi la tête de saint Jean-Baptiste regarde-t-elle fixement la reine ? Cette fantasmagorie jure avec l'insouciance des personnages. Signalons en revanche les bras, les mains et les épaules de Salomé, qui sont d'une grande beauté. Il est vraiment dommage que tant de qualités éminentes n'aboutissent qu'à une déclamation froide, et pour ainsi dire à une scène d'opéra, moins la musique.

En face de l'*Hérodiade* de M. Lévy se trouve un colossal tableau de M. Gustave Doré qui représente le massacre des innocents. Triste exemple des génies avortes et des réputations surfaites, M. Doré aime le gigantesque : c'est une affection malheureuse pour un artiste aussi incorrect et aussi négligent. Ce qu'on lui pardonnait dans ses vignettes est intolérable dans ces proportions grandioses. D'ailleurs il paraît croire plus que jamais que le grand art consiste dans le pêle-mêle et dans la déraison. Son *Alsace* pressant sur son cœur le drapeau tricolore est un mannequin blême, blafard, bistré, cadavéreux, qui n'a de nom dans aucune langue. Son *Massacre*

I. — LA PEINTURE.

des Innocents n'est qu'une chaos bizarre de contorsions absurdes, où tous les personnages s'écroulent les uns sur les autres en se démenant comme des possédés. S'il était permis de renvoyer M. Gustave Doré à Raphaël, nous le prierions d'étudier un tableau fait autrefois sur le même sujet par ce classique de la vieille école ; mais nous craindrions d'offenser M. Gustave Doré, et, comme nous le savons d'ailleurs incorrigible, nous l'abandonnons à ses travers.

J'en dirais volontiers autant de M. Puvis de Chavannes, dont je n'ai jamais compris la réputation surfaite, et qui, comme tous les mauvais peintres trop bien convaincus de leur génie, cède de plus en plus au facile plaisir d'ériger ses infirmités en système. Autrefois M. Puvis de Chavannes badigeonnait de vastes compositions allégoriques, lavées à la détrempe, souvent vides et mal conçues, mais où perçaient parfois des intentions heureuses et un louable effort vers le grand style, dont il se rapprochait tout au moins par les dimensions colossales de ses toiles. Le voici qui se fait maintenant pré-raphaélique, genre commode pour qui ne sait ni dessiner ni peindre. Sous ce titre : *l'Espérance*, il représente une grande fille blême avec une robe blanche, assise sur de petits rochers groupés comme un tas de pavés, et tenant un rameau vert, mais d'une verdure séraphique, au bout d'un long bras démesuré et maigre comme un morceau de bois. Ce n'est même pas un squelette, car un squelette a des os qui ont une forme : c'est un de ces mannequins faits avec des bâtons qu'on habille avec quelques chiffons, et qui servent à effrayer les oiseaux dans les champs. Tout autour d'elle s'étend un paysage très pierreux et très symbolique, parsemé de chardons et de rochers ; dans un coin s'élève un petit tertre bien régulier et planté tout du long d'une rangée de petites croix en bois noir. Au bout de cette plaine grise, figurant sans doute la vallée de larmes où nous vivons, un horizon de montagnes bleues sous un ciel groseille représente évidemment la Jérusalem céleste, la terre promise à l'espérance et à la foi. Pour être la dupe des grandes pensées de M. Puvis de Chavannes, il faut un degré de naïveté bien rare, et que lui-même ne possède pas, du moins je le suppose, quand il ne s'agit plus de ses propres œuvres. On sait en effet que cet artiste est un des membres ordinaires du jury de peinture, et j'aime à croire que, pour lui comme pour nous, la critique et l'art sont deux choses différentes.

L'*Épisode de l'éruption du Vésuve*, de M. Thirion, est une œuvre théâtrale, inspirée évidemment des grandes compositions de Nicolas Poussin, mais se rapprochant peut-être un peu, par l'effet mélodramatique, des fantaisies barbares de M. Gustave Doré. La scène se passe à Herculanum, au moment où les vapeurs volcaniques asphyxient les habitants sans leur laisser le temps de fuir. Au pied des portiques de marbre, dans un lugubre crépuscule éclairé à l'horizon par les lueurs rouges de l'éruption, les malheureux habitants se débattent au milieu des convulsions de l'agonie. La rue est semée de cadavres. Deux figures se jettent dans les bras l'une de l'autre et s'étreignent avec la frénésie de la souffrance et du désespoir. A droite, une jeune femme blonde, d'un joli dessin, se colle contre la muraille en élevant ses mains crispées, vers le ciel ; à gauche, sur le devant, un mourant couché par terre tient encore d'une main ses trésors, qu'il essayait d'emporter dans sa fuite. L'ensemble est d'un grand effet tragique et n'a rien de vulgaire. Nous recommanderons seulement à M. Thirion de ne pas cercler de noir ses figures ; nous lui recommanderons aussi de se rapprocher de plus en plus du Poussin et d'éviter désormais toute ressemblance avec M. Gustave Doré.

Il serait impertinent de passer devant le *Damoclès* de M. Couture sans en dire au moins un mot ; mais faut-il tout pardonner à un artiste parce qu'il porte un nom célèbre ? n'est-ce pas au contraire une raison de se montrer plus sévère ? C'est avec un véritable chagrin qu'on se trouve réduit à chercher dans les ouvrages d'un homme tel que M. Couture une idée, un sentiment, une expression, une originalité quelconque, pour n'y trouver qu'une facilité banale et un jeu d'esprit prétentieusement vulgaire. Le *Damoclès* porte comme devise : *Potior mihi periculosa libertas quam secura et aurea servitus.* Sans cette explication latine, il serait effectivement impossible de comprendre le sujet. Un homme en costume antique et couronné de fleurs est assis sur de riches coussins, entouré de tout ce qui, selon M. Couture, peut rendre la vie agréable et la « servitude dorée, » de beaux fruits, de brillantes draperies, des trésors. De lourdes chaînes traînent à ses mains et à ses pieds : c'est là toute la moralité de l'œuvre, et, il faut le dire aussi, tout son intérêt. Du reste, ce voluptueux prisonnier a l'air fort calme, fort indifférent à tout ce qui se passe, et évidemment il ne se doute guère des réflexions philosophiques qui lui ont donné le jour.

M. Alma-Tadéma est par certains côtés un fils de M. Couture et de M. Gérome. Ses admirateurs lui assignent, il est vrai, une origine bien plus relevée, et le font descendre en droite ligne de la renaissance. C'est remonter vraiment beaucoup trop haut. M. Alma-Tadéma est un artiste de talent ; mais malgré certaines recherches d'archaïsme et certains choix de sujets grecs ou romains il nous paraît avoir un génie des plus modernes. Son amour de l'antiquité a quelque chose de posthume et, si j'ose ainsi parler, de *néo-grec* qui conviendrait mieux à la maison pompéienne de l'avenue Montaigne qu'aux galeries du Vatican ou au palais des césars. Avec beaucoup d'esprit et une certaine originalité, il a ces deux travers de notre temps, l'abus de la caricature et l'abus de l'archéologie. Son *Empereur romain* représente une des scènes les plus connues de cette tragi-comédie sanglante de la décadence romaine où la soldatesque faisait passer de mains en mains l'empire du monde, acclamant et immolant tour à tour des maîtres dont elle se faisait des jouets ou des idoles. Après le meurtre de Caligula, Claude, craignant le sort de son neveu, s'est caché derrière une des tapisseries du palais, et c'est là que les prétoriens le découvrent et le saluent empereur. Le pauvre imbécile, encore tout épouvanté, s'accroche à la draperie où il a cherché un refuge, et que soulève un centurion, en le saluant avec une affectation de respect ironique. Ses mains se crispent dans les plis du rideau, son visage blême et ahuri a ce *rictus* inquiet et bestial dont parle Suétone. À ses pieds, le cadavre du dernier empereur attend qu'on le traîne à la voirie. De l'autre côté, une foule de soldats et de femmes agitent les aigles et acclament en riant le nouveau césar. C'est bien là une de ces séditions de palais à la fois féroces et plaisantes qui commencent dans le sang et finissent par se noyer dans le vin.

Faut-il parler des défauts ? L'air et la perspective manquent. Les personnages sont entassés, plaqués les uns sur les autres. Les têtes ne sont pas toujours expressives, ni les attitudes naturelles. La composition paraîtrait vide, si la muraille qui en occupe le centre n'était couverte de peintures, d'arabesques et d'ornements qui attirent trop l'attention et tiennent une trop grande place dans le tableau. — *La Fête intime* est une œuvre à la fois plus païenne et moins imparfaite. Dans le jardin d'une maison grecque, le long d'une sorte de galerie étrusque peinte d'un vert doux et pâle, des jeunes gens et des jeunes filles vêtus de blanc conduisent autour du trépied sacré cette ronde des bacchanales qui était dans l'antiquité une espèce de rite religieux. Ils soulèvent en dansant une poussière dorée ; on aperçoit au-dessus de leurs têtes un peu de verdure, la corniche d'une toiture ensoleillée et une bande de ciel bleu. Au centre, un jeune danseur bondit en élevant au-dessus de sa tête une torche enflammée ; à côté de lui, une jeune femme admirablement drapée, la taille cambrée, le poing sur la hanche, danse en agitant au bout d'un thyrse la pomme de pin de Bacchus. À droite, un vieux Silène couché cuve déjà son vin ; un jeune garçon en tunique blanche suit la danse en agitant des cymbales. À gauche, trois musiciennes sont rangées le long de la muraille ; la première, d'un délicieux dessin, est accroupie et frappe un tambourin ; la seconde souffle dans un chalumeau ; la troisième joue de cette flûte à deux becs que les Latins appelaient *ambubagœ*. Toute cette composition est leste, vive, gracieuse, d'un style qui rappelle les danseuses des fresques romaines ; il semble qu'on sente la cadence qui les soulève. Certains morceaux sont d'une grande finesse. Pourquoi faut-il que l'harmonie soit détruite en quelques endroits par l'abus du procédé ? Ainsi la tunique blanche du jeune homme aux cymbales, quoique d'un fort bel arrangement, est trop accusée et trop empâtée. La tête, d'un travail beaucoup plus sobre et plus uni, paraît être sur un autre plan, et ne tient pas aux épaules. Pourquoi aussi le sarcophage situé au milieu de la toile, et devant lequel fume le trépied sacré, n'est-il pas en porphyre au lieu d'être en marbre blanc, et confondu aux draperies blanches des danseurs ? Il ne faut pas éviter la difficulté quand elle se présente ; mais un artiste de la valeur de M. Alma-Tadéma devrait comprendre qu'il ne faut pas non plus la rechercher inutilement.

M. Becker est, quant à lui, le propre élève de Gérome. On le reconnaît du premier coup d'œil, tant au choix de son sujet qu'à une certaine mollesse élégante. *La Veuve du martyr* visite, au fond des catacombes, la niche étroite où reposent les restes de son époux. Une lampe brûle devant le tombeau. De ses deux bras tendus, elle élève son dernier-né vers les reliques vénérées du martyr ; le geste est joli, mais sans fermeté ; derrière elle, sa fille est debout, recueillie, la tête penchée, tenant à la main un jeune garçon qui présente une palme. Toutes ces poses sont jolies, mais l'exécution en est molle ; les draperies, couleur d'albâtre, ne s'ajustent pas bien aux corps. Enfin la coloration générale, blanche, douce, claire et rose, même dans les ombres, ne donne pas l'idée du jour sépulcral des catacombes.

Si nous cherchions les contrastes, nous parlerions ici de M. Biard et de sa *Traversée orageuse*, qu'on pourrait aussi bien appeler *le Mal de mer à dîner* ; mais nous aimons mieux nous taire sur cette bouffonnerie. Il y a longtemps que M. Biard nous avait habitués à lui voir prostituer son remarquable talent dans de grossières plaisanteries. On serait très disposés à lui pardonner à l'occasion quelques boutades de mauvais goût ; ce qui ne peut se concevoir, c'est qu'il ait eu la patience de consacrer une toile d'au moins trente figures à un pareil sujet. Il y a là une vocation si déterminée, que nous ne voudrions pas la contrarier, et que nous préférons passer en silence.

Non loin des excentricités de M. Biard, M. Bonnat expose une vieille femme basque, toute vêtue de noir, à la mode de son pays, les yeux baissés, occupée à dire son chapelet. Cette peinture saine et ferme, faite de cette touche grasse et virile que chacun connaît, nous fait l'effet d'un cordial. Le tableau des *Cheiks d'Akkabah, scène de l'Arabie-Pétrée*, achève de nous remettre. Ce sont des cavaliers arabes arrêtés au fond d'un ravin rocailleux. Le paysage est éblouissant. De beaux rochers absolument nus se découpent au fond sur un ciel d'un bleu profond ; l'ombre qui les enveloppe est violette et chaude. L'autre versant du ravin est tout ensoleillé, tout embrasé de lumière ; on se sent dans une atmosphère de fournaise. On ne peut que féliciter M. Bonnat de ce premier essai de paysage, qui nous promet, en ce genre, de dignes pendants de ses autres œuvres.

Parmi les tableaux d'histoire proprement dits, il faut remarquer ceux de M. Laurens, qui se distinguent par une foule de qualités sérieuses, par une étude approfondie des sujets, et par une exécution consciencieuse et solide. *Le pape Formose*, exhumé par l'ordre de son successeur pour être jugé en concile, n'a guère qu'un succès de curiosité et d'estime. Le cadavre, couvert de ses ornements pontificaux, est assis à côté de son avocat, vêtu de noir.

Étienne IV, au banc de l'accusation, l'interpelle avec chaleur. Est-ce que les expressions et les attitudes sont trop vulgaires, ou bien le sujet n'est-il plus en rapport avec nos idées et nos mœurs ? Ce tableau nous surprend plus qu'il ne nous intéresse, et nous laisse froids, malgré la recherche théâtrale de la composition et la beauté de la couleur. Il n'en est pas de même de *la Mort du duc d'Enghien*. Le malheureux prince est représenté au moment même où on lui donne lecture de sa sentence. C'est la nuit, et la scène n'est éclairée que par la lanterne du gendarme chargé de remplir cet office. Debout devant une muraille où son ombre se projette avec des dimensions colossales et une intensité un peu fantastique, le prisonnier porte encore l'habit de chasse jaune, la casquette ronde galonnée qu'il avait quand on le saisit à Ettenheim. Son visage pâle, un peu émacié, reçoit en plein la lumière, qui frappe ses yeux éblouis ; il paraît accablé, mais de fatigue plus que de peur. Le gendarme, coiffé d'un lourd tricorne, tourne le dos au spectateur, et sa forte silhouette, qui se découpe eu ombre sur les parties lumineuses du tableau, contraste avec la figure violemment éclairée de la victime. Dans le fond, d'autres gendarmes, seuls témoins de cette tragédie, montrent leurs figures pacifiques et indifférentes. Les têtes sont très vraies et très magistralement exécutées, la couleur est puissante, quoique laissant voir l'effort ; l'ensemble est d'un grand effet, quoiqu'on sente peut-être un peu trop la volonté de le produire. La volonté, l'étude, l'imagination raisonnée, telles sont à présent les qualités de M. Laurens, et elles valent mieux que la négligence facile et l'invention banale, dont il a lui-même abusé quelquefois.

Un étranger, M. Rodakowski, nous donne aussi, avec un fort beau portrait de femme, un tableau d'histoire qui est une œuvre importante. Sigismond, roi de Pologne, vaincu par les séditions des nobles et les intrigues de la reine, fait proclamer aux gentilshommes ameutés le rescrit confirmant leurs privilèges. Le vieux roi est assis tristement, le menton dans sa main, sur une terrasse, du bord de laquelle le grand-connétable donne lecture à la foule de la proclamation royale. Son lévrier, couché à ses pieds, le regarde. La reine, debout derrière le dossier du trône, dissimule mal une expression de triomphe et reçoit d'un air hautain les hommages de ses courtisans. Un jeune prélat en capuchon rouge s'incline devant elle en joignant les mains, d'un geste naturel à sa profession. Au fond du tableau sont assemblés des seigneurs et des dames qui descendent par l'escalier du palais. Un archevêque mitré, forte et réelle figure du moyen âge, se tient debout à côté de la reine, portant la croix épiscopale. Au-dessus, on aperçoit les murailles et les bastions du château. Tout ce tableau respire une certaine puissance sérieuse qu'on ne trouve plus guère, il faut l'avouer, dans l'école française, et qui rappelle certains morceaux de M. Robert-Fleury. La figure du grand-connétable, vue de dos, cambrée fièrement dans son grand manteau noir, est vraiment très ferme et très belle. C'est chez les étrangers qu'il faut aller maintenant pour y retrouver l'art français tel que nous l'avons connu jadis.

Un peintre étranger aussi, non moins distingué, quoique dans un genre plus modeste, et appartenant d'ailleurs à l'école française, M. Anker, a eu l'heureuse idée de rappeler sa patrie à la reconnaissance du public français par son touchant tableau des *Soldats de Bourbaki soignés par des paysans suisses*. C'est une œuvre pleine de bonhomie, de sobriété, de naturel et de sentiment simple. Une honnête famille apporte à manger aux pauvres prisonniers couchés dans l'étable obscure, à côté des moutons étonnés de ce voisinage. L'un d'eux boit avec avidité une jatte de lait dans les mains d'une vieille femme ; un bon vieux père se tient à côté avec une de ces figures bienveillantes qu'on ne voit que dans les pays de mœurs pastorales, et deux enfants intimidés, émus de tant de misères, se cachent derrière les vieux parents. Cette composition est parlante ; elle ne cherche pas l'effet, mais elle le trouve, grâce à un heureux mélange d'esprit, de naïveté, de finesse et de bon sens, oui, de bon sens, car le bon sens n'est pas une qualité sans valeur, même dans les arts de l'imagination. Chamfort disait :

Le goût n'est rien qu'un bon sens délicat
Et le génie est la raison sublime.

C'est justement un des plus grands défauts de notre époque que de trop dédaigner cette qualité exquise et modeste, et de chercher à remplacer le génie, qui souvent nous manque, par l'affectation et par la manière, qui ne conduisent qu'au ridicule.

On pourrait classer le *Gullertanz* de M. Brion parmi les tableaux d'histoire, et même d'histoire ancienne, puisque c'est un souvenir d'Alsace, et du temps où l'Alsace était heureuse. A présent, ce nom n'évoque plus des tableaux de danses villageoises. On connaît d'ailleurs le talent fin, gai, brillant et solide de M. Brion, l'émule en ce genre du célèbre Knaus. — Passons donc, et demandons-nous si *la Toilette*, ou plutôt le tondeur de chiens de M. Baader, est aussi un tableau d'histoire ? Il appartient à ce genre mêlé et factice, qui, empruntant un sujet familier à la vie réelle, croit le relever en le déguisant sous le costume d'une autre époque. Combien n'avons-nous pas vu, il y a quelques années, de marquis et de marquises poudrés, de hallebardiers du moyen âge, de dames à fraises ou de châtelaines en souliers à la poulaine ! À présent, c'est l'antiquité qui est à la mode. Un peintre qui craint d'être banal met vite à ses personnages un péplum, une tunique, une paire de sandales lacées, et le tour est fait. M. Baader ne remonte pas si loin ; il s'est contenté de faire endosser à son tondeur de chiens un costume du temps de Louis XIII, et c'est vraiment dommage, car ce petit tableau ne manque ni d'esprit ni de vérité. L'opérateur est assis sur les marches d'une maison, tenant entre ses jambes un gros chien blanc. Un petit chien noir dressé devant lui jappe avec fureur. Le dessin de la tête, des bras, des jambes, du cou est excellent, quoique les proportions générales, un peu trop académiques, nuisent à la réalité pittoresque du modèle ; mais pourquoi ces oripeaux inutiles ? Pourquoi, pour employer une expression d'atelier, cette grossière *ficelle ?* Ces enjolivements n'ont rien de commun avec l'art sérieux, qui ne consiste pas dans le décor, mais dans la vérité.

Un jeune homme fort bien doué, M. Heullant, donne un peu dans le même travers. *La Cachette*, tel est le titre d'une fantaisie plus ou moins étrusque où il nous représente, dans un jardin, une jeune fille en costume antique, soulevant le couvercle d'un tonneau où elle a caché son amant. Le mouvement inquiet de la jeune fille est charmant ; l'air un peu morfondu du jeune homme sortant de sa cachette est fort spirituel. La robe, les couronnes de fleurs entrelacées aux chevelures, les buissons de fleurs et de plantes grimpantes qui remplissent ce coin du jardin, sont d'une touche fraîche, légère, pailletée, éblouissante de tons clairs. Un autre tableau de M. Heullant, *la Source*, représente un jeune pâtre blond, couronné de fleurs, debout au bord d'un ruisseau et donnant à boire dans une feuille de lotus à une jeune fille brune qui se penche de l'autre côté. Le groupe est mièvre, mais des plus gracieux ; les couleurs sont d'une vivacité hardie et presque offensante pour les yeux. Oui certes, M. Heullant a beaucoup d'esprit, de facilité, de grâce et d'éclat ; il en a tant que j'en suis inquiet pour son avenir. C'est mauvais signe quand un artiste à ses débuts manque déjà tout à fait de naïveté, et quand il a besoin de réveiller son imagination blasée par des fantaisies d'un goût douteux.

Ces mièvreries archaïques ne diffèrent guère que par le costume des mièvreries modernes, si fort mises à la mode par MM. Wilhems, Goupil, Caraud, et tant d'autres. Sous le titre de *une Nouvelle en province, épisode de la guerre*, M. Goupil nous représente une scène qui n'a rien de militaire. Trois jeunes femmes rassemblées dans un salon viennent de recevoir de l'armée des nouvelles apparemment satisfaisantes, à en juger par leurs aimables sourires. L'une, en robe bleue, lit une lettre ; l'autre, en robe jaune, se penche sur une carte, qu'elle regarde d'un petit air capable ; la troisième, en châle rouge et en chapeau, une visiteuse sans doute, se borne à sourire d'un air très gracieux. Toutes les trois paraissent fort expertes dans l'art de faire des mines. — M. Caraud est plus modeste, et représente simplement *une jeune fille portant un chat*. Tout l'intérêt de ce petit tableau, d'ailleurs fort joli et fort habile, est dans la juxtaposition de la robe blanche de la jeune fille avec le chat blanc qu'elle porte dans ses bras, et dans l'éclat superlatif d'un parquet verni et brillant comme une glace. Il y a du talent dans toutes ces petites toiles, qui seraient d'agréables ornements pour un boudoir ; mais en serions-nous réduits à y voir la véritable expression de l'art moderne ? Faut-il la chercher aussi dans les tableaux de curiosités exotiques, dans les sujets japonais et chinois, qui prennent la place des sujets turcs et égyptiens, déjà trop exploités ? Il n'est pas douteux que l'art japonais et chinois n'exerce sur nous quelque attrait et quelque influence. Le procédé de coloration de beaucoup de jeunes peintres, qui consiste à juxtaposer par masses uniformes des couleurs brutalement opposées les unes aux autres, est jusqu'à un certain point une imitation de l'art japonais ou chinois. Ainsi, dans la *Marchande de fleurs* de M. Girard, une petite toile d'une grande vigueur et d'une admirable vérité réaliste, les masses de couleur se détachant par plaques éclatantes, au détriment de l'unité et de la perspective du tableau, ce qui lui donne un peu l'air d'une espèce de mosaïque ou de vitrail d'église. M. Carolus Duran lui-même a quelque chose de ce défaut, et ne parvient à le racheter que par la grande largeur des masses locales et par l'habile composition de la gamme des couleurs employées dans chaque tableau. A défaut d'autres caractères plus marqués, c'est là une des tendances de la nouvelle école, si tant est qu'on puisse dire, au milieu de l'anarchie et de l'individualisme de l'art moderne, qu'il y ait une école nouvelle.

Un autre travers de nos jeunes peintres qui se rattache au même principe et pour ainsi dire au même instinct de *chinoiserie*, c'est l'exagération des détails au détriment de l'ensemble. Voyez par exemple les *Deux Grigous* de M. Charbonnel, un élève distingué de. M. Carolus Duran. Deux vieux avares, mari et femme, comptent leurs économies ; les têtes sont expressives, bien étudiées, mais le principal personnage dû tableau est un billet de banque de 100 fr. exécuté avec une telle vigueur de réalisme que les têtes ne se voient plus. Il faut blâmer sévèrement ce défaut de goût et de mesure, et l'enfantillage insolent des prétendus novateurs qui voudraient en faire une théorie et une nouvelle doctrine de l'art. Soyez réalistes, vous avez raison, c'est-à-dire étudiez la nature et ne cherchez vos inspirations qu'en elle ; — mais ce n'est pas un vrai réalisme que celui qui déploie toutes ses ressources dans les accessoires et dépense ses forces à contre-temps.

C'est à un peintre de nature morte, M. Philippe Rousseau, que nous allons demander des leçons de goût, de mesure et d'harmonie. Dans ce genre réputé inférieur, M. Rousseau s'est fait une place qui éclipse bien des talents plus ambitieux que le sien. C'est que M. Philippe Rousseau est un véritable artiste, qui ne se contente pas de savoir peindre un morceau, mais qui se donne la peine de composer, de méditer, de distribuer ses sujets. Son tableau des *Confitures* est certainement un de ses plus beaux. La couleur n'en est pas seulement admirable, l'arrangement en est ingénieux, élégant, harmonieux, gracieux même, quoique uniquement composé d'objets vulgaires. Dans un magnifique chaudron renversé, un tas de superbes prunes noires attendent le moment de l'opération. Une écumoire se dresse fièrement plantée au milieu. De beaux pains de sucre enveloppés de papier bleu et décolletés seulement du bout élèvent leurs cônes majestueux au fond du tableau. Des prunes jaunes transparentes remplissent des vases de faïence, des piles de pots de confiture se dressent à côté d'une balance. Sur le bord de la table, un almanach de cuisinière, un grand couteau de cuisine et un bas à demi tricoté animent la scène. — C'est un jeu d'esprit, direz-vous ; non, c'est de l'art, et du grand art dans un sujet modeste. Il serait à désirer que beaucoup de peintres d'histoire ou de style s'inspirassent un peu plus des *Confitures* de M. Philippe Rousseau.

M. Vollon et M. Monginot, qui excellent aussi dans le genre des natures mortes, sont loin d'être des artistes aussi sérieux et aussi complets. M. Monginot a un grand éclat de coloris, et se plaît à représenter de riches étoffes, des plats d'argent, des cassettes ciselées, des faïences, des plumes de paon, des fleurs brillantes. La facture en est très belle, mais c'est à peu près tout. — M. Vollon, dont le coloris original et la sombre vigueur sont fort admirées depuis quelque temps, est certainement un peintre d'un faire large, hardi, et d'une certaine étrangeté qui ne nuit jamais au succès. Il y a quelque chose de tragique dans l'aspect de son grand chaudron jaune, dont le relief et l'éclat sont incomparables, les poissons jetés à côté sur la table sont d'une touche grasse, large et d'une finesse de tons merveilleuse ; mais il y a des négligences, une certaine disposition fâcheuse au charlatanisme, à ce que nous avons appelé déjà le *chic*. Le tableau intitulé *le Jour de l'an*, qui représente un polichinelle entouré d'oranges, de dragées, de bonbons et autres attributs de la nouvelle année, est un caprice brillant, mais une plaisanterie au point de vue de l'art ; la facture même n'en est pas sérieuse, et ce n'est pas encore avec de tels exemples qu'on régénérera l'école française.

III

Notre école de paysage a été jusqu'à présent une de nos gloires. Quand un censeur trop sévère, amateur du grand style, reprochait à notre époque sa stérilité ou sa décadence, — lorsqu'il se plaignait de ne plus voir, au lieu de tableaux méritant ce nom, que de jolies études et des fantaisies d'un art blasé, nous répondions invariablement en vantant notre école de paysage, véritable conquête du temps présent. En même temps que la vie bourgeoise et le règne du caprice individuel détournaient l'art des vastes ouvrages et des difficiles entreprises, le sentiment des beautés de la nature s'était développé, disions-nous, dans les âmes, et la peinture s'était pliée à l'expression de cette poésie nouvelle. En nous affranchissant des conventions académiques, nous avions appris à vivre dans l'intimité de la nature, à pénétrer ses secrètes harmonies, à parler la langue des choses inanimées, à saisir l'idéal dans ses manifestations tour à tour les plus humbles, les plus imposantes et les plus fugitives. Sans doute nous avions dans cette voie de sublimes devanciers que nous ne prétendions pas égaler ; mais les Claude, les Poussin, les Ruysdaël même n'avaient eu qu'un sentiment général des aspects de la nature ; nous étions devenus plus familiers avec elle. Tout en renouant la tradition de l'admirable école hollandaise, nous y avions joint cet art de composition qui est proprement dit le génie français. Nous avions le droit de nous enorgueillir, car nous pouvions citer toute une liste de glorieux témoins, les Decamps, les Corot, les Paul Huet, les Marilhat, les Cabat, les Français, les Rousseau, les Daubigny, les Troyon, les Dupré, les Fromentin, et bien d'autres.

De ces nobles champions de l'école française et du grand art, les uns ont disparu, et ils n'ont pas été remplacés ; les autres languissent et commencent à vieillir. Il en est du paysagiste comme du musicien ; le jour où l'inspiration lui manque, il ne cesse plus de se répéter. On en voit plusieurs qui, vers un certain âge, quittent brusquement la route qu'ils ont suivie, et cherchent à s'en frayer une autre sous des cieux nouveaux. Alors ils désertent l'Orient pour la France ou la France pour l'Orient. Ils se transportent du climat d'Italie aux neiges du pôle ; sans le savoir, ils restent les mêmes, parce que le paysage n'est pas un drame où l'action s'exprime par les contours, mais une symphonie de couleurs, où le sentiment joue un plus grand rôle que la pensée. Aussi le paysagiste, tant qu'il est épris de la nature, reste éternellement jeune ; pourtant il ne se renouvelle guère, et il est comme ces vieux amoureux qui voyagent encore dans le pays du Tendre avec des cheveux blancs sur la tête, et qui chantent encore des romances avec des voix chevrotantes auxquelles on voudrait trouver des accents plus mâles et plus sévères.

M. Corot, grâce à Dieu, est encore vivant. Il est toujours le peintre des lacs, des forêts mystérieuses, des matinées de printemps, des brouillards du crépuscule qui s'élèvent sur les eaux à la chute du jour. Il sait faire sortir les dryades de l'écorce des chênes, faire baigner les branches des saules dans les rivières, faire frissonner les bouleaux au bord des étangs, et transfigurer les plus humbles sites de nos campagnes au point d'y évoquer sans effort les vieilles divinités de la nature. Que d'admirables scènes il a tirées autrefois des bois de Ville-d'Avray, son séjour favori, et quels trésors de poésie champêtre il nous a révélés à la porte de nos faubourgs ! Quelle pureté matinale dans les eaux de ses lacs, quelle fraîcheur et quelle légèreté dans les feuillages de ses jeunes taillis printaniers ! Quelle beauté de style et quelle exquise délicatesse de coloris ! — Tout cela se retrouve dans ses œuvres récentes, mais la répétition perpétuelle tourne à la manière et au procédé. Nous sommes encore à Ville-d'Avray, mais nous ne croyons plus voir les ombrages et les ruisseaux de l'Arcadie. Il nous promène encore dans les clairières des forêts où dansent les nymphes, mais les ombrages s'alourdissent, ces délicieuses petites touches multicolores qui animaient le dessous des fourrés comme des rayons de soleil vaguement épars sous la voûte des bois remplissent maintenant tout le tableau de leurs paillettes. Son tableau des *Environs d'Arras* est d'un papillotage fatigant. N'est-ce point là un signe de déclin ? Quand le sentiment vient à s'user, il s'exagère et tourne à l'abus.

Que dirons-nous de M. Cabat, le peintre des rudes paysages celtiques, des épaisses forêts gauloises, des vieux chênes bossues et cornus, de toute cette nature robuste et austère, sans grâce et sans sourire, qui n'est pas celle des aimables divinités de la Grèce, mais plutôt celle des temps druidiques ? Qu'est devenu ce génie dur et sévère, à la fois plein de style et empreint de je ne sais quelle sauvage grandeur ? Il est resté lui-même, et cependant il n'est plus tout lui-même. Son *Temps orageux* est une composition d'une raideur toute classique, d'un ton ligneux, terne et noirâtre. L'orage éclate au fond avec l'accompagnement obligé d'un carreau de foudre qui sillonne la nuée. Sur le devant, de grands et beaux arbres, d'une coupe toujours imposante, remplissent le milieu du tableau. À gauche, une prairie et quelques chaumières sont encore éclairées par un jour blafard, bien blafard en vérité quand on le compare aux magnifiques et lugubres échappées de lumière qui percent de place en plate dans les paysages orageux de Ruisdaël. — La *Fontaine druidique* est à la fois d'une exécution plus riche et d'une imagination plus grande. Elle représente le bassin clair d'une source qui s'ouvre dans une forêt séculaire, au pied d'un entassement de rochers que surmonte une futaie de ces chênes robustes auxquels M. Cabat sait si bien donner la raideur majestueuse et l'endurcissement des siècles. Un chevreuil debout sur la roche la plus élevée, une grosse couleuvre enroulée auprès de la source, sont les seuls habitants de cette solitude austère, où nous retrouvons l'ancien génie du grand paysagiste.

Et M. Daubigny, qu'a-t-il fait de son talent ? Ceux qui se rappellent encore ses coteaux de la Seine inondés de soleil, ses rives de l'Oise si riantes, ses vastes paysages maritimes d'un caractère si sérieux et si noble, ne peuvent le reconnaître cette année dans la vue d'*un moulin à Dordrecht*. Cette toile, hélas ! n'a de l'école hollandaise que la simplicité du sujet : un bouquet d'arbres, un peu de ciel et une maisonnette couverte de chaume. Tout y est confus, lâché, fait sans conscience et comme au hasard. Ce n'est pas la brosse qui manque ; il y en a même trop. Le ciel est tapoté à grands coups. La masse d'arbres, lourde, opaque et impénétrable à l'air, est percée d'un trou qui laisse entrer sur le premier plan une seule gerbe de rayons lumineux. C'est cette espèce de fusée, d'un effet bizarre et invraisemblable, qui est, selon toute apparence, le motif du tableau. Tout le reste a été brossé tant bien que mal d'une main distraite pour donner prétexte à ce disgracieux phénomène. Voilà encore un signe de décadence. Un peintre qui se dégoûte des aspects simples pour rechercher les effets extraordinaires et excentriques n'est plus un artiste sincère, mais un blasé qui s'amuse.

M. Français est le seul de la pléiade dont le talent semble se surpasser encore. Son tableau de *Daphnis et Chloé* nous paraît, sans exagération, un chef-d'œuvre. Dans un délicieux vallon, où sont rassemblées toutes les grâces d'une nature à la fois souriante et sauvage, au bord d'un clair ruisseau, qui s'en va de détour en détour et de cascade en cascade, entre deux berges couvertes de fleurs, au milieu des plus ravissants bocages que puisse rêver un Théocrite ou un Virgile, les deux amans goûtent les joies champêtres de leur immortelle lune de miel. Accroupis côte à côte et dans les bras l'un de l'autre sur un petit promontoire de rochers qui domine le clair courant du ruisseau, ils se livrent à l'innocent plaisir de la pêche à la ligne. Le couple amoureux et couronné de fleurs forme un groupe d'une grâce et d'une harmonie toutes sculpturales. Daphnie, un genou en terre et penché en avant, le bras tendu, entoure de l'autre bras le corps nonchalamment affaissé de sa compagne, attentive comme lui. Une nappe de lumière se repose sur les blanches épaules de Chloé, dont les contours nacrés rayonnent au soleil. Il y a de l'air, du plein jour, de l'éblouissement autour de ces deux jeunes corps aux formes suaves, baignés dans une lumière diffuse, et transfigurés comme toute cette nature épanouie au soleil d'un éternel printemps. Les eaux sont vives, argentées, étincelantes. Les tons les plus délicats, les plus vifs, les plus fins, animent le dessous des bosquets, disposés sur les deux rives avec un art infini, jusqu'à l'horizon vaporeux où brille au sein de la verdure une cascade au filet d'argent. Les premiers plans sont couverts d'une végétation exubérante de grandes herbes sauvages et de buissons fleuris. Le gazon, constellé de fleurs, est comme parsemé d'une pluie de pierres précieuses qui scintillent au soleil. Peut-être y a-t-il quelque chose d'artificiel et d'un peu maniéré dans cet étalage de merveilles. Assurément ce n'est pas la nature vraie, celle de tous les jours et surtout celle de nos climats ; c'est la nature transfigurée, divinisée pour ainsi dire, non pas même celle des Champs Elysées du paganisme, retraite majestueuse et un peu mélancolique, qui n'offrait aux âmes fatiguées qu'un asile paisible pour l'éternel repos, mais celle de l'âge d'or et du paradis terrestre, celle1 où l'enfance de l'humanité se livrait à ses premiers ébats, dans l'insouciance du lendemain et dans l'inexpérience du mal.

M. Fromentin n'a pas vieilli plus que M. Français. Je ne sais pourquoi il a cherché cette année à se dépayser. Il a quitté l'Algérie et l'oasis du Sahara, dont il nous rapportait, il y a deux ans, de si charmants souvenirs, pour transporter son chevalet sur les quais de Venise. Dans deux belles toiles vraiment imprégnées de l'atmosphère et de la lumière des lagunes, il nous représente *le Grand Cana l*et *le Môle*. La première est d'un ton brun, calme et discret comme le mouvement de ces eaux paresseuses, où se reflètent, sous un ciel vaporeux, les façades brunies des palais. La seconde est d'un ton plus vif, animée par les gondoles qui glissent sur l'eau verte et par le soleil couchant qui éclaire le palais ducal. M.

Fromentin est à sa place dans tous les sujets. Qu'il nous soit permis cependant de regretter la majesté de ses grands horizons du désert et la grâce harmonieuse de ses scènes orientales. C'est en ce genre qu'il a fait ses chefs-d'œuvre, et j'ai peur qu'il ne les refasse plus.

Un autre de nos orientalistes, M, de Tournemine, est resté fidèle à sa patrie d'adoption. Son *Éléphant attaqué par des lions* dans une des plaines marécageuses du centre de l'Afrique est un de ces morceaux fortement colorés qui auraient besoin d'être mis dans un cadre noir. Le *Lac sacré d'Oudeypour* éblouit au contraire par les blancheurs des portiques et des pagodes bizarrement entassées sur le rivage. Deux barques pompeusement ornées relèvent par leurs vives couleurs l'éclat un peu monotone de ce désert de pierre ouvragée. M. de Tournemine est toujours le peintre voyageur par excellence, le touriste consciencieux et passionné que le public connaît et aime depuis longtemps. — Ajoutons que M. Lambinet expose une vue de la Seine au pied des coteaux de Bougival, baignée dans une lumière d'un blanc-lilas très clair, suivant sa manière fine, aimable et un peu timide, ainsi qu'une autre toile plus originale et plus puissante, qui représente *un cours d'eau*, bordé de têtards et d'herbes déjà jaunies par l'automne, et nous aurons à peu près épuisé tous nos *anciens* paysagistes. Voyons à présent ce que les nouveaux nous apportent, et s'ils peuvent, sinon les faire oublier, du moins les remplacer avec honneur.

M. van Marcke est l'élève de M. Troyon et cherche à recueillir son héritage ; mais, comme tout bon disciple, il reste à distance respectueuse du maître. Certainement M. van Marcke a du talent, un talent même des plus distingués. Son troupeau de vaches dans les landes du bassin d'Arcachon est un tableau bien composé, habilement peint, satisfaisant sous tous les rapports. Il n'y a pas de mal à en dire, et c'est là tout son mérite. Quant à cette vigueur incomparable, à cette audace héroïque, à cette grandeur simple et vraie, et, qu'on me permette une expression familière, à ce réalisme *empoignant* que donnait aux œuvres de son maître l'habitude de lutter corps à corps avec la nature, il n'y en a pas trace dans la composition savante et un peu banale de M. van Marcke. C'est une œuvre qui méritera l'approbation des plus difficiles, mais qui n'arrachera l'admiration de personne. La couleur même, si vraie, si individuelle, si *trouvée* chez Troyon, n'est plus ici qu'une coloration convenable, mais un peu fausse, comme tout ce qui est convenu. M. van Marcke ne s'est-il pas trompé en se faisant l'élève de Troyon ? N'aurait-il pas été mieux à sa place dans l'atelier de Rosa Bonheur, côte à côte avec son frère, l'auteur trop vanté du *Dormoir des vaches* ?

M. Nazon, qui donnait, il y a quelques années, de grandes espérances, est décidément une étoile qui file. Il s'est perdu par sa facture maniérée et par l'abus du procédé d'empâtement par touches, qui donnait de l'originalité à ses premiers tableaux. A présent, les lignes et les masses lui font complètement défaut. Tout nage dans un éblouissement confus, parsemé de petites touches miroitantes qui composent des pâtés de couleur sans forme. Son *Souvenir de l'Aveyron*, quoique d'une coloration toujours assez belle, ne peut pas être considéré comme un tableau. D'autres paysagistes et même quelques peintres de genre abusent de la peinture au couteau, qui ne donne qu'un modelé insuffisant, mais détache au moins les uns des autres les divers plans d'un paysage. Le procédé de M. Nazon, que j'appellerais volontiers la peinture en pattes de mouche, est encore bien plus hasardé.

M. Masure continue à choisir ses sujets sur les côtes de la Méditerranée et surtout dans le golfe de Gênes. Sa peinture douce et claire, où le bleu domine, a pourtant des teintes d'une vivacité extrême et d'une exquise fraîcheur. Il excelle à rendre la transparence lumineuse des eaux profondes sous le ciel du midi. Dans sa vue d'Antibes, la surface verte de la mer et les petites vagues arrondies qui viennent gracieusement se briser sur la plage qu'elles couvrent d'un flot d'écume argentée sont d'une incomparable vérité pour quiconque a vécu dans ces parages. Je n'en dirai pas autant de M. Appian, qui donne aux eaux et au ciel de la Méditerranée les verdeurs un peu agrestes de ses beaux paysages forestiers. M. Appian voit le midi à travers une brume chaude, comme celle des brouillards d'été, mais sous un aspect orageux et mélancolique. — M. Lansyer au contraire, qui depuis quelque temps voyage aussi dans le midi, cherche à en reproduire la transparence et la netteté. On ne saurait lui refuser du style et de la vérité. Son panorama des *Alpes liguriennes* est un fort beau morceau de dessin. Sa *Citerne sous les oliviers* essaie de rendre cet éblouissement du bleu que connaissent tous ceux qui ont voyagé sous ce beau ciel ; mais sa couleur est un peu molle et grisonnante, et il faut lui savoir gré de traduire aussi bien sa pensée avec des moyens d'expression beaucoup trop faibles.

Un peintre vraiment original est M. César De Cock. Tandis que la plupart des peintres préfèrent les couleurs chaudes et mûries de l'automne, M. César De Cock a une sorte de passion juvénile pour les âpres saveurs et les fraîcheurs exquises de la verdure printanière. Il aime les dessous de bois, les taillis verdoyants au mois de mai, les fourrés qui bourgeonnent au mois d'avril. Il rend avec une habileté extrême le duvet moelleux des jeunes pousses, la forme indécise des buissons seulement à demi vêtus de leurs feuilles nouvelles, la foule des jeunes tiges qui encombrent les taillis, la profondeur chatoyante qui se laisse entrevoir au travers, — le tout sans confusion ni minutie, avec la précision d'un œil exercé à voir tous les détails sans perdre la vue de l'ensemble, et avec l'aisance d'un pinceau jeune et hardi que rien n'embarrasse. M. De Cock n'est point un imitateur, c'est un peintre original auquel on peut prédire un brillant avenir.

La *Solitude* de M. Otto von Thoren, un étranger dont nous ne nous rappelons pas avoir vu le nom dans nos expositions antérieures, est un fort beau tableau qui fait songer à ces grandes plaines inhabitées de la Pologne, couvertes de marécages, de landes et de forêts. C'est au mois de novembre, les forêts brunies commencent à se dépouiller, le soleil se couche dans un ciel froid au milieu de nuages d'un rose doux et calme. Un cerf, immobile, en arrêt, la tête dressée vers l'horizon, veille sur son troupeau qui broute non loin de là. Une volée de corbeaux tourbillonne lourdement dans le ciel. — Le *Souvenir du pays de Bade*, du même auteur, est un effet de neige. Sur une route de la Forêt-Noire ; une charrette à bœufs chemine lourdement, accompagnée d'un cavalier. Les grands sapins laissent pendre leurs branches chargées de frimas. Des hauteurs boisées et neigeuses se découpent à l'horizon sur un ciel pur avec un relief et une perspective remarquables. Les mêmes qualités se retrouvent au premier plan et dans tout le reste de ce tableau, qui se distingue, comme la *Solitude*, par un sentiment très sincère et par une très grande justesse dans la valeur des tons.

Les effets de neige paraissent fort à la mode cette année. Voici d'abord M. Chenu, dont le tableau de la *Visite de noces* doit être

I. — LA PEINTURE.

considéré surtout comme un paysage, car ce ne sont pas les personnages qui en font le principal intérêt. Devant une maison de village de modeste apparence, une carriole s'arrête dans la neige, et deux personnes en descendent, accueillies sur le seuil par les habitants du logis. Ce sont probablement les mariés, et ils doivent sans doute à leurs *feux*, comme on dirait dans l'ancien langage, le privilège qu'ils semblent avoir de ne pas sentir le froid de la saison. On voit d'ailleurs que le dégel approche le ciel est bas et brouillé ; un peu de jour perce à travers la brume blanche, qui commence à rougir sous tes rayons d'un soleil invisible, et projette un reflet doré sur le tapis de neige qui couvre la terre. Ces nuances sont observées avec une délicatesse infinie ; quoiqu'il y ait peu d'accidents, la perspective est excellente ; la maison, peinte en rouge, a bien l'aspect sombre des objets colorés ; en temps de neige. La touche est fine, scrupuleuse, un peu léchée, et sans empâtements visibles. M. Chenu est né à Lyon, mais en peinture il est Hollandais de naissance. — M. Héreau au contraire est un Parisien pur-sang ; Rien de plus vrai, de plus juste, de plus facile, de plus français en un mot que sa *Station d'omnibus à Batignolles par un temps de neige*. C'est le soir, les arbres dépouillés se profilent sur le ciel. Une grande lueur rouge embrase l'horizon, et se noie graduellement dans le gris-bleu pâle et froid d'une soirée d'hiver. Une maison très ordinaire, qui se dresse au milieu de l'horizon, emprunte au jour et à l'heure je ne sais quel aspect mystérieux et grandiose. La lourde voiture stationne avec ses lanternes allumées, attelée de deux forts chevaux ; un vrai cocher tout encapuchonné se pelotonne sur son siège ; de vrais passagers arrivent en courant, pliés en deux par la bise ; un vrai bec de gaz s'allume à côté, et sa lueur faible lutte avec celle du jour qui tombe ; tout est frappant de vérité, juste de valeur, merveilleux d'intelligence, jusqu'à la blouse de l'allumeur de réverbères, jusqu'à l'affiche peinte sur la muraille et éclairée dans l'ombre par un jour de reflet. Non-seulement tout est vrai dans ce tableau, mais tout y est franc, naturel et distingué. Tant pis pour ceux que le sujet rebute et qui s'en détournent avec mépris. La belle peinture n'a pas toujours besoin de ce qu'on appelle un sujet noble, et tous ceux qui aiment les beautés de la nature savent combien les objets les plus humbles se transfigurent à certaines heures pour les yeux qui savent les regarder.

On n'adressera pas du moins le même reproche aux deux toiles de M. Émile Breton, *une Matinée d'hiver* et *un Soir d'hiver*. Ce sont deux œuvres capitales, d'un faire large, simple et puissant, qui, à mon sens, mettent leur auteur tout à fait hors de pair. La *Matinée d'hiver* est une vue prise en travers d'une rivière bordée d'arbres absolument nus, avec des flocons de givre pour tout feuillage. Au fond, une masure brune se reflète dans l'eau jaunâtre aux sombres transparences. Le ciel épais et plombé fuit vers l'horizon d'une teinte uniforme où il y a de la profondeur sans aucune apparence de plans successifs. Il en est de même du sol, englouti sous la neige comme sous un vaste linceul, qui ne fait pas un seul pli. Une vieille femme courbée sous un fagot noir chemine vers la maison, et semble, dans ce désert glacé, la seule forme possible de la vie. — La *Soirée d'hiver* représente également une rivière dont les yeux suivent le cours, mais cette fois au milieu d'une forêt et avec un soleil couchant qui montre à l'horizon son disque sanglant à travers la brume. L'effet n'en est pas moins saisissant, et il s'ajoute même je ne sais quelle terreur lugubre à la morne désolation de la nature. Nous en dirions plus long que nous n'en dirions pas davantage. Cela est beau, parce que cela est réel, et qu'à la simple grandeur du sentiment se joint la simplicité vigoureuse de l'exécution.

Arrêtons ici notre voyage d'exploration, que nous pourrions continuer longtemps encore. Aussi bien ce ne sont pas les œuvres distinguées qui manquent. Si nous n'avions d'autre désir que d'être un bon cicérone, nous ne devrions négliger ni les pommiers en fleur de M. Chintreuil, ni l'inondation de M. Saintin, ni la forêt de sapins de M. Isambart, ni les bords de la Creuse de M. Imer, ni les lacs de Suède de M. Wahlberg, et tant d'autres encore, car les paysagistes s'appellent légion ; mais le coup d'œil rapide que nous venons de jeter sur le salon de peinture peut à la rigueur nous suffire pour en avoir une idée d'ensemble, s'il est possible de s'en faire une au milieu d'œuvres si variées. Nous avons, chemin faisant, glané assez d'épis pour en former une gerbe respectable, qu'il est temps de porter sous la meule, afin d'en recueillir le fruit.

Quand nous aurons fait pour les statues le même travail que pour les tableaux, nous essaierons timidement de conclure et de tirer l'horoscope de l'école française. Bornons-nous à dire pour le moment que dans l'abondante récolte de cette année il y a beaucoup de menus grains, mais peu d'épis absolument stériles. La grande diffusion de l'art moderne et la culture uniforme des artistes les développent comme dans une pépinière, où bien peu de tiges avortent, mais où bien peu s'élèvent au-dessus de la taille de leurs voisines. Le public, qui les passe en revue, ne s'aperçoit pas qu'il y a là une foule d'arbres sains et vigoureux qui ne demandent qu'à grandir. Les artistes eux-mêmes, comme les écrivains, cherchent à vaincre son indifférence et à se faire remarquer, quoi qu'il en coûte. Ils quittent l'école de bonne heure, et veulent produire de bonne heure des œuvres qui les rendent célèbres. C'est ainsi qu'ils se jettent dans de frivoles excentricités qui les perdent, ou qu'ils tombent, sans s'en douter, dans la platitude. À mesure qu'ils se perfectionnent dans le métier, ils s'abaissent dans leur art, et quand plus tard ils veulent se remettre aux sérieuses études, il n'est plus temps d'y revenir. C'est l'histoire de beaucoup de peintres, pleins de ces dons que la nature prodigue plus qu'on ne le pense, et qui, faute d'une saine direction, restent médiocres toute leur vie ; mais quelle est cette direction qui leur manque ? Est-ce celle qu'on trouve dans les académies et les écoles ? Je veux parler de celle qu'ils se donneraient eux-mêmes, si, avant de vouloir briller, ils étudiaient longtemps la nature, et lui demandaient sincèrement, avec la persévérance des vocations véritables, les secrets qu'elle ne refuse jamais à qui sait les lui arracher. L'étude assidue de la nature, c'est le noviciat indispensable de l'art ; c'est la lutte de Jacob avec l'ange, qu'il faut terrasser et asservir avant de s'élever aux régions supérieures où se rencontrent sinon toujours la fortune, du moins la véritable gloire et les pures jouissances de l'idéal.

II. — LA SCULPTURE

IV

La sculpture est loin d'être populaire au temps où nous sommes. Cet art admirable, le plus ancien et le plus beau de tous, le plus vrai comme le plus simple, n'a pas le privilège d'émouvoir beaucoup l'imagination des hommes de notre époque, ou d'amuser leurs yeux, accoutumés aux colifichets d'une civilisation à la fois raffinée et bourgeoise. La peinture moderne, avec sa grande variété de sujets, d'aspects et de couleurs, a bien plus d'agréments pour un public qui ne cherche dans les œuvres d'art qu'une distraction et un spectacle. On se presse au salon des tableaux ; il a toujours pour la foule, même la plus étrangère aux arts, l'attrait grossier d'une collection d'images coloriées étalées à la vitrine d'un marchand d'estampes ; mais le jardin où sont exposées les statues n'est guère fréquenté que par quelques groupes de promeneurs distraits et souvent plus occupés des fleurs semées, dans les plates-bandes que des marbres ou des bronzes disposés le long des allées ou au centre des carrefours. Au premier coup d'œil, es longues files de formes blanches ne réjouissent pas la vue : elles semblent dépaysées dans cette vaste halle consacrée à l'industrie moderne : on dirait les revenants d'une civilisation disparue égarés au milieu de la nôtre.

Pourtant la sculpture française ne mérite pas tant d'indifférence. Malgré le médiocre intérêt qu'elle semble inspirer au public, elle n'est pas morte encore, ni même près de mourir. Elle abonde en œuvres distinguées et sérieuses, qui attestent, sinon précisément une renaissance du grand art, du moins une science consommée, une étude consciencieuse de la nature et une louable fidélité aux saines traditions. Nos sculpteurs, il faut leur rendre cette justice, valent mieux aujourd'hui que nos peintres, parce qu'ils ne sont pas, comme eux, les esclaves de la mode, et qu'ils vivent dans une région plus sereine, où ne pénètrent pas autant les influences du dehors. Dans ce milieu un peu réfractaire de la société moderne, il faut les louer d'avoir su se créer une atmosphère spéciale et, pour ainsi dire, un monde à part. Ce qui les rend moins populaires est peut-être ce qui les maintient à un niveau plus élevé. Est-ce à dire que tout leur art se borne à de passables imitations des grands maîtres, et que, ne trouvant pas autour d'eux de quoi le rajeunir, ils se traînent machinalement dans l'ornière académique ? Cela n'est pas vrai, et la nouvelle génération a fait, du moins sous ce rapport, un progrès sérieux sur sa devancière ; non-seulement elle n'est pas classique, mais le romantisme lui-même, cette autre forme dégénérée du genre académique, est en décadence, et tend à céder la place à un genre moins pompeux et plus vrai. Les uns s'inspirent de l'antiquité ou de la renaissance, soit italienne, soit française, comme MM. Mercié, Hiolle, Gautier, Barrias, Guillaume. Les autres, peut-être les plus brillants, dans tous les cas les plus modernes, semblent s'inspirer de ce XVIIIe siècle français, dont les mœurs et les idées ont tant d'analogie avec les nôtres.

Ces derniers ont évidemment pour chefs MM. Carpeaux et Falguière. Le nom de M. Carpeaux est depuis quelques années un sujet de scandale pour les âmes chastes. Depuis le bruit qui s'est fait autour de son fameux groupe de la façade du nouvel Opéra, cet éminent artiste passe aux yeux de bien des gens pour le grand corrupteur de l'art français. Sa *Mater dolorosa*, ce morceau religieux d'un sentiment si profond et si noble, n'a pas fait oublier ses autres méfaits, et il reste irrévocablement condamné par ces critiques vertueux qui ne voient dans l'art ou ne prétendent y voir qu'un moyen de purifier les âmes. Tel qui accepte sans sourciller les nudités provocantes de Pradier ou qui s'extasie devant les statuettes lascives de Falconet ne saurait pardonner à M. Carpeaux la maladresse qu'il a commise en donnant à ses danseuses avinées des proportions aussi colossales et en les plaquant sur la façade d'un monument public. C'est une faute de goût pour laquelle on devait être sévère, mais qui n'empêche pas M. Carpeaux d'être un des premiers, sculpteurs de notre temps.

Ceux qui contestent son talent ne peuvent au moins lui refuser une fécondité merveilleuse. Rude, son maître, méditait pendant plusieurs années le groupe de L'arc de l'Étoile. M. Carpeaux va plus vite en besogne. N'allez cependant pas en conclure qu'il ne faille voir en lui qu'un improvisateur aimable et un habile exécutant. Il y a chez lui, pour employer une locution d'autrefois, quelques-unes des parties du grand homme : une profonde intelligence de son art, une grande richesse de conception, une originalité puissante et passionnée qui s'élève quelquefois assez près du génie. Ses ouvrages peuvent déplaire : ils manquent de sévérité, de sérénité, même de noblesse, ils sont parfois en révolte contre les lois classiques de la statuaire ; mais ils ne sont jamais en révolte contre la nature, qu'ils interprètent avec une hardiesse et une vérité toutes créatrices. Créateur, c'est le mot qui convient à M. Carpeaux, comme à tous les vrais artistes. La moindre boule de terre pétrie sous ses doigts s'anime d'une vie ardente, colorée, que personne n'a le don de communiquer au même degré. Qu'il y ait un peu de charlatanisme et d'exubérance dans son talent, cela est possible ; mais ses œuvres les plus tourmentées restent éminemment sculpturales. Jamais elles ne sont minutieuses ni confuses ; avec tout le détail de la réalité et toute la couleur de la vie, elles ont généralement une largeur magistrale qui ne se trouve pas toujours dans beaucoup d'œuvres plus sobres que l'on s'étudie à refroidir pour leur donner une fausse apparence de noblesse.

M. Carpeaux a exposé cette année un groupe monumental qui représente *les quatre parties du monde soutenant la sphère*, et un buste en bronze, beaucoup trop critiqué, de M. Gérôme. On a plaisanté ce dernier ouvrage, et l'on s'est amusé à le surnommer *le décapité qui parle*. Le buste, coupé à la base du cou et reposant immédiatement sur un socle léger, est animé d'une vie si intense qu'on dirait une tête détachée du tronc ; elle se tourne à demi, avec une physionomie spirituelle, inquiète et un peu maladive. Les traits sont ravinés, les yeux en arrêt, la bouche ouverte, ombragée d'une moustache hérissée ; la chevelure, rude et forte, pend sur le front, qu'elle surplombe de ses grosses mèches dures et droites. Tous les plans du visage sont fins, mais énergiques, fortement accusés, et travaillés un peu grossièrement avec une certaine négligence calculée qui donne au bronze la couleur et l'apparence de la vie. L'ensemble est saisissant au-delà de toute expression. On peut désapprouver ce système de sculpture et trouver mauvais qu'un statuaire essaie d'empiéter sur le domaine du peintre en reproduisant la nature vivante et pour ainsi dire en action, au lieu de se contenter d'une ressemblance plus froide ; mais il ne faut pas oublier que ce buste est en bronze et non pas en marbre, que le bronze est la reproduction exacte de la terre, et que sa couleur autorise des effets heurtés que le marbre ne saurait admettre. D'ailleurs, que M. Carpeaux ait eu tort ou raison, il a réussi à faire ce qu'il voulait ; il a exprimé toute sa pensée avec un relief, une vigueur, une habileté vraiment incomparables. Qu'on cite beaucoup d'autres artistes dont l'exécution réponde aussi bien à leur pensée, et dont on ne soit jamais forcé de vanter les intentions pour excuser leur insuffisance. Ne pas rester au-dessous de soi-même, ne pas avoir, pour employer une expression familière, *les yeux plus grands que le ventre*, c'est justement la plénitude de l'art, et il faut pardonner à ceux qui dépassent le but plutôt qu'à ceux qui ne l'atteignent jamais.

II. — LA SCULPTURE

Les quatre parties du monde soutenant la sphère sont un nouvel exemple de la grande hardiesse de M. Carpeaux et de son étonnante aptitude à donner à la sculpture, même à la sculpture monumentale, tout le libre mouvement de la nature vivante. Tout autre sculpteur ayant à représenter le même sujet aurait figuré quatre cariatides solidement adossées les unes aux autres et un peu courbées sous le fardeau. C'aurait été, pour un artiste ordinaire, la seule manière de donner à ce groupe colossal la ferme assiette et l'air de grandeur que le sujet comporte. M. Carpeaux procède tout autrement : ses quatre figures sont en action ; elles forment une ronde et tournent toutes ensemble en cadence, d'une allure aisée et légère, entraînant dans leur mouvement de rotation la sphère qu'elles tiennent au-dessus de leurs têtes, au bout de leurs bras tendus, au lieu de la porter lourdement sur leurs épaules. Elles tournent, et cependant elles sont bien assises sur le sol, leur équilibre n'est pas menacé, et la machine céleste poursuit sa révolution régulière sans que le spectateur puisse avoir d'inquiétude sur la solidité et sur l'harmonie de ses mouvements.

Le grand mérite de cet ouvrage, c'est que la grâce et la liberté de la figure humaine s'y concilient sans effort avec l'aspect monumental et la fermeté des lignes. Les quatre femmes sont de taille égale, nues toutes les quatre, et elles se distinguent plutôt par leurs types et par leurs attitudes que par leurs attributs ou leurs costumes. Bien qu'il ne puisse y avoir matériellement un centre à un groupe circulaire, la figure centrale, celle qui domine toutes les autres par son importance et par la majesté de son attitude, est celle de l'Europe. D'une stature noble, la tête droite, l'air inspiré, les cheveux au vent, elle regarde en haut et retient fortement la sphère de ses deux mains écartées ; elle paraît en modérer le mouvement et régler les destinées du monde. Derrière elle, à sa gauche, l'Asie, sous les traits d'une Chinoise ou plutôt d'une Tartare, se tourne vers elle en inclinant sa tête rasée avec une sorte d'humilité mêlée de défiance et de crainte, et avec l'air sournois d'un animal dompté qui suit son maître sans comprendre où on le mène ; elle touche à peine la sphère du bout des doigts, et elle résisterait volontiers, si elle osait le faire. L'Amérique, couronnée de plumes, sauvage et hardie, avec des traits où se combine la physionomie dure du Peau-Rouge et le type noble et arrêté de la race anglo-saxonne, précipite de toute sa force le mouvement du monde en tournant le dos à l'Europe, qu'elle regarde du coin de l'œil, de l'air d'un enfant révolté. Quant à l'Afrique, crépue et encore enchaînée, elle porte son fardeau machinalement comme une esclave robuste et docile, tandis que l'Amérique, sa voisine, pose le pied sur la chaîne rivée à sa cheville en signe de servage et de sujétion. Toutes ces attitudes sont fort belles, fort expressives, fort habilement graduées, et elles forment un ensemble des plus harmonieux. C'est là une œuvre importante, une des meilleures de M. Carpeaux, et pour laquelle nous ne nous expliquons guère l'apparente indifférence du public.

Préfère-t-on par hasard les quatre parties du monde de M. Thomas ? C'est à peu près le même sujet conçu d'une façon bien différente. Ces quatre statues de bois, surchargées d'accessoires et exécutées dans le style Louis XIV, sont destinées à orner la banque de Toulouse. Elles sont au repos, et sans autre lien les unes avec les autres que l'unité du style et une certaine solennité de convention. L'Europe est représentée sous les traits d'une guerrière au type grec, cuirassée, casquée, drapée pompeusement, une main sur la poignée de son glaive, tenant de l'autre un bâton de commandement. L'Asie est une Orientale au type persan, la tête ceinte d'un turban, le croissant à la main, le yatagan à la ceinture, et les jambes flottant dans de larges pantalons serrés au genou. L'Afrique, qui est peut-être la meilleure figure du groupe, est à moitié nue, avec une peau de bête jetée sur l'épaule, une corne d'éléphant dans une main, une corbeille de fruits dans l'autre. L'Amérique enfin est une Peau-Rouge, type d'aigle, ceinte de plumes et le carquois à la main. Tous ces morceaux ont de la valeur, ils sont conçus avec intelligence, et le style en est bien observé ; mais combien M. Carpeaux en dit plus avec ses figures nues que M. Thomas avec ses attributs si consciencieusement étudiés ! Non, jamais les symboles ne vaudront le mouvement, les attitudes et les expressions de la vie. Jamais un art de convention et de commande, empruntant les formes consacrées, ne vaudra les libres trouvailles d'un art indépendant, qui se fait lui-même une expression nouvelle pour chacune de ses pensées.

M. Falguière n'a pas, plus que M. Carpeaux, besoin d'être présenté au lecteur. Depuis le succès si franc et si unanime de son jeune vainqueur au combat de coqs, il a marqué sa place au premier rang de l'école française, et il n'est pas homme à s'en laisser choir. Il expose une Ophélie qui n'est que la reproduction en marbre d'une statue déjà connue du public, et un Pierre Corneille destiné à faire le pendant du Voltaire de Houdon dans le foyer de la Comédie-Française. La comparaison est dangereuse, et il faut tenir compte au jeune artiste de la généreuse hardiesse qui l'a poussé à se mesurer avec un chef-d'œuvre. Il faut avouer cependant que ses forces l'ont trahi, ou qu'il a trop présumé de lui-même : non pas que son Pierre Corneille ne soit une œuvre d'un grand mérite, d'une composition gracieuse et distinguée, d'une exécution aimable et spirituelle, trop spirituelle même et trop aimable pour le sujet. Le marbre, nous n'en doutons pas, soutiendra fort honnêtement le voisinage de son redoutable vis-à-vis ; mais le personnage du poète fera, j'en ai peur, médiocre figure sous le regard perçant du terrible railleur. Voltaire, qui ne pouvait souffrir le grand Corneille et qui l'accablait de sarcasmes, triomphera trop aisément de celui qu'il appelait le *bonhomme*. C'est vraiment dommage, car le grand Corneille était bien digne de trouver un grand sculpteur pour immortaliser son image, et il ne méritait pas que M. Falguière l'offrît si légèrement en holocauste au génie d'un siècle qui ne l'a pas compris.

Ne vous semble-t-il pas d'ailleurs que M. Falguière appartient plus au siècle de Voltaire qu'à celui de Corneille, et qu'il n'était pas dans sa nature ou, comme on dit aujourd'hui, dans son tempérament d'artiste de rendre avec fidélité le caractère rude, concentré, inégal et grandiose, mais toujours sincère et même un peu primitif, du plus grand, du seul vraiment puissant de nos poètes tragiques ? Sans doute on ne pouvait donner à Pierre Corneille l'attitude attentive et familière du vieux philosophe de Ferney, penché en avant, les deux bras appuyés sur son fauteuil, et comme à l'affût des idées nouvelles ; mais il ne fallait pas non plus lui donner cette pose élégante et théâtrale, cette aisance de mouvements savamment équilibrés, ce luxe de draperies dont la brillante exécution rappelle plus le cavalier Bernin ou, si vous voulez, M. Carpeaux lui-même que la grandeur un peu pesante et la solennité majestueuse de la bonne époque du grand siècle. M. Falguière aurait dû s'inspirer moins du XVIIIe siècle et de ses élégances, pour se conformer davantage au style grave des magnifiques portraits de Rigault, ou encore mieux de Nicolas Poussin. Il nous présenterait alors le Corneille que nous aimons à nous figurer, à la fois bourgeois et héroïque, bonhomme et sublime, le vieil homme de loi normand, qui ne portait point de boucles à ses souliers, mais dont l'âme et le génie n'enfantaient que des héros. Celui-ci, avec son attitude fastueuse, son front plissé, son regard animé, sa physionomie tout en dehors, ressemble plus à un brillant causeur qu'à un grand poète. Ce n'est même pas le Corneille du *Menteur*, qui mêle encore à sa verve comique des accents pleins de hauteur et de gravité. Ce ne serait pas non plus un Molière, car Molière avait la profondeur mélancolique de tous les grands observateurs du cœur humain. C'est plutôt un écrivain d'humeur enjouée et mondaine, un homme d'esprit qui cherche la rime, quelque chose comme un Marivaux ou un Destouches, ou plutôt un Buffon écrivant à loisir ses études de la nature ; ce n'est pas l'auteur du *Cid* ni d'*Horace*, et le fameux « qu'il mourût » n'est jamais sorti de sa bouche.

L'*Ophélie* de M. Falguière est une œuvre moins importante, mais plus expressive, sans doute parce qu'elle convenait mieux à ce talent ingénieux et fin. Ce qui frappe tout d'abord dans cette statue, c'est un air d'étrangeté indéfinissable, quelque chose de fantasque et de bizarrement gracieux qui fait songer tout de suite à la folie. Cet effet d'étrangeté tient surtout à l'attitude et à l'emploi d'un procédé fort simple, quoique contraire aux règles ordinaires de l'art sculptural. — Il y a en sculpture un principe élémentaire, emprunté aux lois naturelles de l'équilibre dans le corps humain. Ce principe consiste à opposer les uns aux autres les membres antérieurs et les membres postérieurs, de manière que le haut du corps soit infléchi dans une direction contraire à celle du bas, et que les bras, par exemple, soient déployés dans un sens quand les jambes le sont dans un autre. Cette règle n'a rien d'arbitraire, elle tient aux lois de la pesanteur plus qu'à celles de l'art, et si la peinture, qui ne présente qu'une seule face des objets, peut assez souvent s'en départir, la sculpture, dont les œuvres doivent être envisagées sous tous les points de vue, ne saurait guère y manquer sans perdre son aplomb et sa grâce. Il y a pourtant quelques exceptions ; même dans l'art antique, on pourrait citer le faune dansant, qui lève en même temps et du même côté son bras et sa jambe ; mais la plupart de ces exceptions appartiennent à des groupes où certaines poses étaient commandées par celles des autres personnages. En général, les sculpteurs de tous les temps ont observé par instinct, quand ils ne l'observaient par principe, cette loi véritablement naturelle, et plus les mouvements de leurs figures sont prononcés, plus cette disposition symétrique est nécessaire. C'est à cette loi de symétrie que contrevient à dessein l'*Ophélie* de M. Falguière. Elle se penche toute d'un côté, sans contre-poids, et comme en arrêt sur le pied gauche, au milieu d'un mouvement interrompu. Le bras s'avance du même côté ; le visage est légèrement contourné dans le même sens par le sourire maladif qui erre sur les lèvres, et les yeux, profondément enfoncés sous l'orbite, se retournent de l'autre côté avec une expression craintive, comme s'ils y étaient attirés par quelque vision surnaturelle. Oui, voilà bien la jeune fille folle du poète, charmante et égarée, souriante et funèbre, avec ses regards fixes, ses cheveux défaits, ses vêtements en désordre et ses mains pleines de fleurs. *There's rosemary, that's for remembrance, and there is pansies, that's for thoughts ; there's fennel for you and columbines ; there's rue for you and here's some for me. There's a daisy. I would give you some violets, but they withered all, when my father died.*[1] Des larmes coulent sur ses joues sans qu'elle y pense ; elle rit et pleure à la fois, et sa bouche enfantine s'entr'ouvre presque gaîment pour chanter ses couplets mortuaires. Les traits d'ailleurs sont ceux d'une cantatrice célèbre : les mains fines et charmantes jouent avec les plis de la jupe, la robe mal lacée laisse sortir une épaule à moitié nue ; mais les formes sont suaves et pures, l'ensemble est chaste malgré ce désordre. Il y a dans tous ces arrangements d'une simplicité savante je ne sais quelle grâce gothique et je ne sais quel parfum de moyen âge qui sied merveilleusement au sujet. Ceux-là seuls qui ne sont pas étrangers à la sculpture peuvent se rendre compte des difficultés que M. Falguière a dû vaincre pour exprimer tant de nuances délicates. Il faut être bien habile pour essayer d'incarner dans le marbre quelqu'une de ces frêles créatures écloses de la fantaisie des poètes, et ceux qui réussissent dans de telles entreprises peuvent dire à leur tour qu'ils sont des créateurs.

Un jeune sculpteur de talent, M. Noël, s'y est essayé sans autant

---

1 Voilà du romarin, c'est pour le souvenir. Voilà des pensées, c'est pour la pensée ; voilà du fenouil et des colombines ; voilà de la rue pour vous, et j'en garde pour moi. Voilà une marguerite. Je voudrais vous donner des violettes, mais elles se sont toutes fanées quand mon père est mort.

de succès que M. Falguière. Celui-ci s'inspirait de Shakespeare ; celui-là s'est inspiré de Goethe, mais avec moins de bonheur. Sa *Marguerite* ne ressemble pourtant pas à l'héroïne trop admirée d'Ary Scheffer ; elle a de bien autres prétentions que cette blonde et pâle enfant germanique. Nue jusqu'à la ceinture, debout à côté de son enfant mort, un pied sur la cassette dont lui a fait présent son séducteur, les bras tordus et les mains jointes à l'envers au-dessus de sa tête, elle essaie de mimer, par cette laborieuse attitude, tout l'intérêt tragique du poème. Il faut avouer qu'elle y réussit mal, et qu'elle se démène bien inutilement. C'est en vain qu'elle se tord le cou, qu'elle fait sortir sa hanche droite, rentrer en dedans son genou gauche, craquer les os et les muscles de ses bras ; ce sont là des contorsions d'atelier, et non des gestes de folie ou de désespoir. Ces savantes dislocations ne nous diraient rien sans le petit cadavre d'enfant qui roule sous ses pieds, et qui nous dénonce la mère coupable. Le tout est d'un dessin outré, exagéré, renflé à dessein, mais en apparence creux et cassé, d'une facture fausse et prétentieuse, qui laisse à peine entrevoir le très réel talent de M. Noël. Il est plus aisé de s'en convaincre en regardant son beau bas-relief intitulé *la Morte*. Le corps inanimé, étendu tout de son long, est vraiment d'un beau style et d'une grande ampleur de lignes. La tête, affaissée sur la poitrine, est pleine de sentiment, de simplicité calme. Les jambes surtout sont d'un modèle admirable. Il n'en est pas de même de la vieille femme agenouillée qui entoure de ses vieux bras noueux et décharnés le corps jeune et charmant de la morte ; malgré ses gestes de désespoir, cette figure est d'une exécution beaucoup plus faible et d'un sentiment beaucoup moins profond. Il faut encore reprocher à ce groupe l'arrangement trop anguleux des grandes lignes extérieures, qui forment une sorte de parallélogramme régulier d'un fâcheux effet. Il faut louer en revanche l'habileté avec laquelle sont disposés les plans et traitées les valeurs du relief. Il y a là certaines qualités de premier ordre qui doivent faire pardonner bien des défauts.

Voyez maintenant comme les sujets se transforment en passant d'une main dans une autre ! M. Allouard a traité le même sujet que M. Noël, avec beaucoup moins de vigueur, mais avec beaucoup plus de goût. Sa *Marguerite* est folle, comme celle de M. Noël ; elle est échevelée, nue jusqu'à la ceinture, comme l'autre, et, comme elle aussi, elle joint les mains d'un geste d'accablement et de désespoir. A ne considérer que la pensée abstraite, ces deux statues devraient être rigoureusement semblables, et cependant il est impossible d'imaginer deux œuvres plus différentes. Ces deux *Marguerites* jouent peut-être le même rôle, mais elles ne sont pas de la même famille. L'une est une tragédienne à tous crins, une héroïne de mélodrame qui pousse des cris rauques et cherche des effets violents ; l'autre est encore, malgré sa faute, une ingénue, une pauvre fille abusée, étonnée de l'abîme où elle tombe, et racontant sa douleur sur le. ton plaintif de l'élégie. M. Noël n'a vu que la *Marguerite* affolée par le désespoir et la honte, celle que Méphistophélès tourmente et à qui ses remords ne laissent plus de repos. M. Allouard s'est souvenu que la pauvre prisonnière était encore la Marguerite du rouet, et qu'il devait lui rester quelque chose de sa candeur virginale. Au lieu de se révolter, elle se résigne ; au lieu de se livrer à de vaines fureurs, elle s'étonne et baisse la tête sous le poids de sa destinée. Les mains jointes ne se tordent plus dans des convulsions démoniaques, mais elles se laissent tomber avec un abattement plein de naturel et de douceur. Ce n'est plus une criminelle, c'est une victime, et, au lieu de lui mettre la camisole de force, on voudrait lui faire grâce sans forme de procès. Malheureusement l'exécution répond beaucoup trop bien au sentiment très doux de cet ouvrage, qui n'est peut-être pas exempt de quelque fadeur. Sous ce rapport du moins, M. Allouard laisse un peu regretter M. Noël.

Pour M. Chapu, qui est cette année le favori du public, il ne s'amuse pas à représenter des Marguerites, des Ophélies et autres héroïnes de fantaisie, qui noient leurs enfants ou qui se noient elles-mêmes. Il emprunte la sienne à l'histoire de France, et nous donne bel et bien une Jeanne d'Arc à Domremy, écoutant les voix du ciel, Le choix seul du sujet est en lui-même une habileté. Une statue de Jeanne d'Arc obtiendra toujours un succès d'estime auprès de ceux même qui seront insensibles à ses véritables beautés. C'est justement ce qui arrive à cette œuvre distinguée, consciencieuse, intelligente, très élevée même au point de vue moral, mais, est-il permis de le dire ? un peu trop molle et trop incolore au point de vue de l'exécution. La *Jeanne d'Arc* de M. Chapu est un de ces morceaux qui, faute de vigueur, n'ont rien de très frappant au premier coup d'œil, mais qui plaisent d'autant plus qu'on les regarde plus longtemps. La jeune fille agenouillée, vêtue en paysanne, est assise un peu de côté sur ses talons ; elle se penche légèrement en avant, en laissant tomber sur ses genoux ses beaux bras élégants et robustes et ses mains jointes avec ferveur. La tête, droite et inspirée, lève tranquillement les yeux vers le ciel avec un regard plein de confiance et. d'amour. Il y a de l'extase dans cette figure, il y a aussi de la santé. Ce n'est pas l'extase mystique et maladive d'une sainte Monique ou d'une sainte Thérèse ; ce n'est pas le désordre d'une âme troublée par les visions malsaines de la superstition du moyen âge : c'est l'exaltation naïve d'une âme neuve et vaillante, qui s'ouvre sans crainte et sans trouble aux révélations de la parole divine, avec toute la paisible candeur d'une foi presque enfantine et toute la noble ardeur d'un cœur presque viril. C'est bien la simple fille des champs qui s'ignore elle-même, mais que le ciel a choisie pour en faire l'instrument de ses desseins, et dont le cœur biblique s'élève sans effort à l'héroïsme, à l'appel de « monseigneur saint Denis et de madame sainte Geneviève. » Les lignes, sont nobles, bien agencées, et d'un aspect très doux ; la facture simple, pleine, large et sans prétention, manque un peu de relief et d'énergie. Cette statue brille surtout par la beauté de la pensée et par je ne sais quelle harmonie décente que rehausse encore la simplicité d'une exécution sobre et modeste.

La *Clytie métamorphosée en tournesol*, du même auteur, est également d'un sentiment gracieux, décent et doux. La jeune fille est couchée sur le flanc, couronnée de fleurs ; elle tient des fleurs dans sa main et semble s'attacher à la terre en tournant ses regards vers le ciel. Le mouvement est joli, mais l'exécution est encore un peu faible ; par derrière surtout, les lignes du dos, des épaules et des hanches sont d'une raideur mal dissimulée par la mollesse du modelé. Quel dommage que M. Chapu ne possède pas à un plus haut degré les dons extérieurs de sa profession ! Jusqu'à présent c'est un excellent statuaire et un artiste accompli, mais, ce n'est pas encore un grand sculpteur.

Comparez maintenant à la *Jeanne d'Arc* de M. Chapu *les Martyrs de l'indépendance nationale*, de M. Chatrousse. C'est encore une Jeanne d'Arc, accompagnée cette fois d'un Vercingétorix. On les reconnaît tout d'abord à leurs costumes de guerre. Vercingétorix porte la cuirasse gauloise, le casque rond surmonté de deux ailes, et le lourd glaive antique. Une peau de bête flotta sur ses épaules et sur ses bras nus, de longs cheveux encadrent sa tête. Jeanne porte la cotte de mailles et l'armure des chevaliers bardés de fer. Le héros et l'héroïne s'avancent côte à côte, la main dans la main, comme s'ils venaient chanter une cantate sur la scène de l'Opéra, dans un intermède patriotique. Leur pied, jeté en avant, foule avec force un joug chargé de chaînes. Vercingétorix se tient droit, cambré, le jarret tendu, la main fièrement posée sur la poignée de son glaive, dans l'attitude consacrée de tous les guerriers d'académie. Jeanne lève les yeux au ciel et élève au-dessus de la tête de son compagnon un drapeau déployé. Cette composition ne manque pas d'une certaine énergie et d'une certaine grandeur ; on y sent quelque imitation des hardis et fiers mouvements du bas-relief de Rude ; mais cette grandeur a quelque chose de factice et de théâtral : c'est, pour ainsi parler, de l'art de seconde main, élaboré suivant des règles et des procédés connus d'avance. Malgré l'habile arrangement des lignes, la symétrique diversité des figures, l'irréprochable combinaison des mouvements, l'aspect général est froid, banal et convenu. On dirait des figurants de théâtre ou des modèles d'atelier qui essaient une attitude. M. Chatrousse, qui a certainement un talent remarquable, manque d'originalité et de véritable inspiration. C'est peut-être un très savant homme, plus savant même que M. Chapu, mais ses déclamations académiques font encore mieux ressortir la sobriété exquise, le sentiment sincère, la noble simplicité des œuvres de ce charmant artiste, auquel il ne manque qu'une exécution plus vigoureuse pour être rangé parmi les grands maîtres.

Dans un autre genre, M. Schœnewerk partage avec M. Chapu l'admiration des visiteurs ; Vous vous demandez peut-être ce qui lui vaut ce privilège, et pourquoi la Jeune Tarentine, qui est assurément un bon morceau de sculpture, attendrit particulièrement les cœurs sensibles. C'est un travail habile et d'un assez joli sentiment, mais qui manque absolument de naturel. Quoique cherchant à simuler l'abandon d'un corps roulé capricieusement par les flots, la jeune femme est couchée dans une attitude vraiment trop contournée et trop savante pour n'être qu'un jeu de la nature. Le milieu de son corps repose sur deux boîtes carrées, d'inégale hauteur, qui figurent, paraît-il, un rocher battu par les vagues. La tête est beaucoup plus bas, traînant au pied du rocher, tournée dans un sens contraire à celui des reins et des hanches. Quand on se place de ce côté, l'opposition des bras et des jambes, les lignes recourbées et compliquées du buste et du bassin sont d'un effet assez heureux ; mais ce n'est pas-là ce que le public admire : la raison de son admiration est bien plus simple. Ou je me trompe fort, ou la jeune Tarentine de M. Schœnewerk doit les trois quarts de son succès aux deux beaux vers d'André Chénier qui sont gravés en lettres d'or sur son socle de marbre, et que le public dont nous parlons a toujours soin de lire avant de regarder la statue. Il y a beaucoup d'esprits fermés aux beautés de l'art plastique, mais il n'y en a guère qui soient tout à fait rebelles aux charmes de la poésie. Voilà pourquoi M. Schœnewerk a été bien inspiré en mettant sa sculpture sous la protection d'André Chénier. Le poète appelle l'intérêt sur le sculpteur, il l'environne de sa gloire, il l'éclaire de ses rayons, et il le fait passer à l'abri de son nom, comme les paroles d'une médiocre chanson passent à l'aide d'une belle musique. Le procédé n'est pas nouveau, mais ceux qui l'emploient sont toujours habiles, et il faut rendre hommage à leur savoir-faire.

Quant à M. Carrier-Belleuse, il a d'autres moyens d'attirer le public. Il emploie tout son talent, et ce n'est pas peu dire, à flatter le mauvais goût de notre époque par des mignardises indignes d'un artiste sérieux. Sa sculpture est celle d'un Pradier plus frivole et plus corrompu. Il mêle au genre maniéré des artistes les plus légers du dernier siècle je ne sais quel hellénisme frelaté qui tient plus de Canova que de la véritable antiquité grecque. Ses sculptures sont des tableaux de genre, et rappellent beaucoup les mièvreries de M. Chaplin. Sa *Psyché abandonnée* met le comble à tous ses défauts. Mince, menue, le corps tendre, tout jeune encore, et assez mollement imité de la délicieuse Psyché de Gérard, la jeune fille est assise sur un rocher, les bras ballants, une lampe éteinte dans une main, un poignard dans l'autre ; elle penche un peu la tête et regarde en dessous, d'un air futé, avec une expression de désappointement et de surprise, quelque chose comme la bouderie espiègle d'une enfant gâtée qui sait qu'elle va rentrer en grâce, et qui prend une mine confuse pour paraître encore plus jolie. Son manteau, coquettement drapé sur ses épaules, avec des plis maniérés qu'on croirait empruntés à une toile de Watteau, achève de nous rassurer sur la profondeur de son délaissement. Non, ce n'est pas là Psyché abandonnée ; c'est une gentille soubrette de comédie, fort experte dans l'art de faire des mines, et qui s'amuse à jouer un rôle devant le public. Sa nudité même a quelque chose de tendre, de mignard et de provocant, qui sent plus le déshabillé que le nu. Si M. Carrier-Belleuse nous en croyait, il sortirait d'une voie fausse où son aimable talent ne peut qu'achever de se perdre. Au lieu de rééditer chaque année, avec de légères variantes, des Psychés de boudoir pour les étalages des bronziers, il s'appliquerait par exemple à refaire son buste de M. Thiers, dont la lourdeur, la mollesse et l'insignifiance montrent à quoi se réduisent dans l'interprétation de la nature ces talents de fantaisie que l'engouement du public achève de perdre.

Oserons-nous citer M. Leenhoff en exemple à M. Carrier-Belleuse ? M. Leenhoff est Hollandais ; il a de la lourdeur, de la froideur, mais aussi de la conscience et de la gravité. Son *Guerrier au repos* n'a rien d'original ; les jambes sont épaisses, les pieds gros, boursouflés et un peu plats, comme il convient à la race de ce guerrier, né sur les bords du Zuiderzée. La tête est un pur pastiche et manque absolument de couleur locale ; dans l'ensemble pourtant, c'est un bon travail, d'un modelé simple, large, taillé par grands plans, sans exagération, sans mesquinerie. M. Leenhoff est certainement un sculpteur, et avec lui au moins nous n'avons pas à craindre que les caprices de son imagination gâtent ses bonnes qualités.

Que M. Moulin au contraire y prenne garde. Sous le titre de *Victoria, Mors*, il expose cette année une statue d'un aspect original, d'un sens profond, d'un effet saisissant, mais qui ne laisse pas que de donner des inquiétudes sur l'avenir de son talent. La victoire est représentée sous les traits de la mort, les yeux caves, le visage immobile et glacé, une faux à la main, drapée d'un vaste linceul aux plis longs et rigides. Les anciens aimaient à représenter Vénus victorieuse ; c'est la mort victorieuse que nous montre M. Moulin, et l'allégorie n'en est certainement que plus vraie pour ce changement de rôle. Rien de plus lugubre que cette figure d'une nature incertaine entre ce monde et l'autre. C'est plus qu'un cauchemar, c'est un poème fantastique ; mais ce genre de poésie n'est-il pas très dangereux en sculpture ? L'artiste, je le veux bien, a vu cette victoire en rêve : elle nous émeut, elle nous glace d'épouvante ; mais pourrait-il nous dire sur quel modèle il a copié ces traits décomposés, ces mains osseuses, ces draperies droites et raides dont les plis tombent avec une symétrie funèbre ? Est-ce un squelette que nous avons sous les yeux, est-ce au contraire une personne vivante ? On ne saurait trop le dire, tant l'équivoque est ménagée avec art, tant la réalité se mêle habilement au prodige. Or en sculpture, il ne faut pas d'équivoques ; une statue n'est pas une décoration de théâtre, combinée pour produire une certaine illusion : c'est une représentation plastique de la figure humaine, et la fidélité, c'est-à-dire la vraisemblance, est sa première loi. Les artistes qui s'en affranchissent pour donner un corps plus ou moins chimérique à leurs rêves courent le risque de divorcer avec la nature et de perdre l'usage même de la langue qui sert à exprimer leurs pensées.

Arrêtons-nous plutôt devant une statue de M. Cabet, qui ne nous inspire pas les mêmes craintes, et qui représente dans un sentiment analogue, mais sans aucune fantasmagorie, *l'Année 1871* pleurant sur ses malheurs. C'est une femme assise, noblement drapée dans un large manteau dont elle se couvre la tête, et dont les plis ont quelque chose de plaintif comme son attitude. Elle se penche en avant, un bras pendant entre les jambes, l'autre appuyé sur le genou et la tête dans sa main ; elle médite et elle semble écrasée de douleur. Une couronne de cyprès projette sur son front une ombre épaisse, qui ajoute à l'expression désolée de son visage. De tous les côtés, les lignes sont belles, harmonieuses, elles expriment l'accablement et le deuil. C'est que l'art n'a pas besoin de faire violence à la nature pour lui faire parler le langage de ses pensées ; il lui suffit de la comprendre et de savoir s'en servir.

M. Perrey est un artiste observateur et positif, qui ne cherche pas à mettre du pathétique et de la poésie dans sa sculpture. C'est plutôt, si j'ose ainsi parler, un sculpteur moraliste, et sa statue de *l'Avare* est une véritable étude psychologique. Elle est parfaitement vraie dans l'expression du caractère qu'elle veut rendre ; c'est assez dire qu'elle n'est pas agréable à voir. M. Perrey a trop bien réussi à mettre dans son exécution, comme dans son dessin, comme dans sa composition même, quelque chose de pauvre, de sec, de mesquin, d'étriqué, d'anguleux, de répulsif et d'ingrat. Le vieillard est assis, courbé sur un sac d'écus, qu'il embrasse à la fois des bras et des jambes. Son visage mince et acariâtre se termine par une barbe en pointe. Son dos maigre, ses bras osseux, sa posture disgracieuse et jalouse, tout exprime la lésinerie et l'aridité. Il se fait petit pour couver son trésor, il s'y cramponne comme s'il voulait se l'incorporer. Il n'y a pas à s'en dédire ; c'est peut-être une assez laide statue, mais c'est bien celle de *l'Avare*, de M. Perrey y a montré une certaine profondeur.

Le *Braconnier* de M. Gautier, qui lui fait vis-à-vis, est au contraire d'une sculpture toute florissante et tout aimable. Il faut d'ailleurs le classer parmi les meilleurs morceaux du Salon. C'est un jeune berger assis sur une peau de bête, qui agite en riant au-dessus de sa tête un lapin qu'il vient de tuer, sans doute à coups de fronde ; il regarde son chien qui jappe en bondissant à côté de lui. Qu'importe, après tout, que le sujet ne soit pas nouveau, ou qu'il en rappelle cent autres à peu près pareils ? L'attitude est naturelle et élégante, le geste plein de grâce et de gaîté. Il y a de la vie et de la beauté dans ce corps souple et juvénile que l'antiquité grecque aurait reconnu pour celui d'un de ses enfants. Un sculpteur, Dieu merci, n'a pas besoin, comme un journaliste, d'avoir « une idée par jour. » C'est un avantage que les arts sérieux conservent sur certaine littérature de notre temps, et il faut féliciter M. Gautier de faire de belles statues, lors même qu'elles ne nous apprendraient rien de nouveau, sans se soucier ni d'étonner ni de lasser l'attention de la foule.

Il faut adresser le même éloge à M. Pètre et à M. Blanchard, qui, sans égaler M. Gautier, suivent, chacun dans la mesure de ses forces, la même voie sérieuse et modeste. M. Pètre expose une fort bonne statue de bronze intitulée *la Source* : c'est une nymphe aux formes pleines, un peu cambrée, qui de ses deux bras levés au-dessus de sa tête penche l'urne classique d'où s'épandent ses eaux. C'est à peu près le geste du *Jeune braconnier* et de mille autres études du même genre, mais le mouvement est souple et sculptural, la figure repose bien sur la jambe gauche ; enfin c'est une statue, et non pas une fantaisie. — M. Blanchard parait avoir moins de vertu que M. Pètre et plus de pente à la mignardise, qui est une des formes les plus dangereuses de la corruption du siècle. Néanmoins sa *bocca della Verità* est encore une assez jolie chose. La jeune fille assise qui met en riant sa main innocente dans la bouche du masque révélateur est fort gracieuse et visiblement fort ressemblante au modèle. Les formes vont s'alourdissant graduellement depuis la tête jusqu'aux pieds ; l'encolure, fine et charmante, s'attache à un buste trop long, qui s'ajuste lui-même à des jambes un peu courtes et un peu trapues. D'ailleurs ces disproportions naturelles, quand elles ne sont pas trop choquantes, donnent parfois plus de caractère aux figures, et la réalité, même dans ses défauts, a toujours une secrète harmonie dont l'art le plus consommé ne saurait couvrir ses erreurs.

Signalons encore le spirituel petit groupe de bronze de l'Italien M. Ceccioni, qui l'avait déjà exposé en marbre il y a deux ans. Un enfant crie à tue-tête en retenant dans ses bras un coq qui se débat avec fureur, et au pied duquel l'imprudent s'est amusé à atteler sa charrette avec un fil. La lutte est acharnée entre les deux terribles combattants, et l'épouvante du jeune vainqueur se peint de la façon la plus comique sur ses traits bouleversés. Cette œuvre plaisante, qui est en même temps d'une très bonne facture, rappelle certaines statuettes antiques qui se voient au musée de Naples. Les anciens, comme on le sait, cultivaient la caricature ; et ils s'y entendaient pour le moins aussi bien que nous. Seulement, au lieu de la chercher, comme nous, dans la difformité grotesque, ils la trouvaient dans la nature même, dont ils rendaient les aspects comiques sans rien lui ôter de son charme et de sa vérité.

Décidons-nous enfin à rendre hommage aux patriotiques intentions de M. Bartholdi, avec qui nous sommes pressés de régler nos comptes pour n'avoir pas à y revenir. Son petit groupe de bronze, *la Malédiction de l'Alsace*, est sans contredit une des plus mauvaises choses de cette exposition. L'Alsace, sous les traits d'une femme âgée, étend le bras pour maudire ; un de ses fils, frappé à mort, expire dans ses bras, tandis qu'un enfant accroupi à ses pieds se cache sous sa jupe en jetant au loin des regards d'épouvante et de haine. Mieux vaut décrire la scène que de parler de l'exécution, à la fois déclamatoire, extravagante et molle. Quant au buste à deux têtes de MM. Erckmann et Chatrian, malicieusement surnommé par les mauvais plaisants le buste des frères siamois, on se demande véritablement si c'est une caricature manquée ou si l'auteur a pu commettre de sang-froid une pareille monstruosité. On dirait un de ces spécimens qui ornent le devant des baraques de la foire, accompagnés d'inscriptions pompeuses et de légendes fantastiques. On s'attriste de voir tomber ainsi des hommes de talent qui ont obtenu d'importantes récompenses et qui ont mérité l'honneur d'être placés hors de concours. De telles chutes sont affligeantes pour ceux qui ont le respect de l'art, et c'est avec chagrin que la critique est obligée de les enregistrer.

V

Nous arrivons à présent aux deux œuvres capitales du salon de sculpture, à celles qui excitent le plus de controverses et soulèvent ; le plus de passions dans le monde des arts. Laquelle faut-il mettre au premier rang ? Est-ce le *David* de M. Mercié ? est-ce le *Spartacus* de M. Barrias ? Chacun a ses partisans déterminés, et chacun représente un système. Il est difficile en effet de voir deux ouvrages plus différents : l'un, plein de sérénité, d'harmonie, de force élégante, rappelle les jeunes héros et les jeunes dieux du paganisme ; l'autre, tourmenté, brutal, exagéré, cherche les contrastes violents, les attitudes forcées, les effets dramatiques : c'est, si l'on veut, le romantisme moderne aux prises avec le génie classique.

C'est au David que nous donnerions la palme ; il est de race bien plus noble et de port bien plus royal que son concurrent. Après tout, le Spartacus est d'extraction servile, héros, si l'on veut, mais un peu héros du bagne, ne respirant que la haine, le blasphème et la révolte. Ce David au contraire, ce jeune guerrier au cœur intrépide et au front calme, remettant tranquillement dans le fourreau l'épée avec laquelle il vient de décapiter le géant Goliath, est bien le héros élu de Dieu pour être le ministre de sa vengeance. Il a quelque chose de la superbe indifférence d'un saint Michel vainqueur du dragon, ou plutôt, car M. Mercié est un peu païen dans son art, d'un Thésée vainqueur du Minotaure. Debout dans une attitude simple, aisée, et toute d'une seule venue, il élève son épée de la main droite en tenant le fourreau de la main gauche ; la tête suit harmonieusement le mouvement des épaules et des bras ; le pied droit, rejeté en arrière, foule négligemment la tête monstrueuse de son ennemi vaincu. Le torse est d'une facture, admirable, l'aplomb de toute la figure d'une aisance et d'une légèreté merveilleuses. L'œil se promène avec une sorte de volupté sur ces belles formes si pleines, qui s'élancent d'un seul jet, comme la tige d'un arbre sain et vigoureux. Quelques défauts, pourtant très visibles, ne nuisent pas trop à cette magnifique harmonie. Ainsi la jambe gauche, sur laquelle le corps repose, est un peu contournée de face, un peu lourde de profil, et le pied gauche est tourné trop en dedans ; la rotule est trop bossuée, trop saillante, ainsi que la tête de l'os fémoral. Il y a encore quelques autres marques d'exagération juvénile. Enfin les bras, qui semblent rapportés, ne sont pas en parfaite harmonie avec la figure, et ne s'accordent pas tout à fait avec le mouvement général. Quoique exécutés avec un grand soin et avec une minutie de détails qui ressemble beaucoup à un moulage sur nature, ils paraissent maigres, heurtés, un peu confus, et ils sont bien loin de valoir le reste de la statue. Que cette expérience apprenne à M. Mercié à moins se défier de ses forces, et à dédaigner désormais l'emploi des procédés mécaniques, qui sont quelquefois secourables aux artistes sans talent, mais ne valent jamais pour les artistes bien doués la libre imitation de la nature.

M. Mercié, disions-nous tout à l'heure, est un païen ; pourtant ce n'est pas un Grec, c'est plutôt un Florentin de la renaissance. Son *David* est une œuvre toute florentine, et qui pourrait prendre place sans indignité auprès du *Persée* de Benvenuto Cellini. Sa *Dalila* au contraire n'a pas grand'chose de la renaissance, ou plutôt elle appartient à ce genre de renaissance corrompue qui fleurit encore aujourd'hui dans l'école italienne. C'est un buste de femme en bronze verdâtre, avec des traits moins séduisants qu'étranges, d'une coupe asiatique et un peu éthiopienne, un nez ramassé, à la fois aplati et recourbé, les lèvres épaisses et proéminentes, d'une expression méchante et bestiale. Les ornements sont bizarrement prodigués dans la chevelure, autour du cou, sur la tunique même ; ce vain luxe d'accessoires et de colifichets prétentieux ne sert qu'à éparpiller la lumière et à détourner l'attention du visage, d'ailleurs sans grand caractère et sans vif intérêt. C'est une de ces œuvres maniérées telles que les aiment les Italiens modernes, et je préfère à toute force la négresse en bronze et marbre mêlés du Milanais M. Calvi ; cette beauté africaine a du moins plus de naturel, de bonne humeur et même de véritable grâce. Que M. Mercié se garde avec soin des pastiches et des œuvres de pure imagination. S'il néglige trop souvent les David pour se vouer aux Dalilas, il perdra, comme son célèbre devancier, son talent noble et viril pour tomber dans l'affectation et dans la mollesse.

On ne peut pas parler légèrement du Spartacus de M. Barrias. Si je ne craignais que le mot ne fût pris en mauvaise part, je dirais que c'est une de ces œuvres ambitieuses qui commandent l'attention et même le respect. Le sujet tout seul annonce chez l'artiste l'intention de faire un grand effort et la volonté bien arrêtée de produire un chef-d'œuvre. On a figuré cent fois le serment d'Annibal, voué par son oncle Hamilcar à la haine du nom romain. Celui de Spartacus est bien plus tragique encore : c'est sur le cadavre de son père, esclave comme lui et mort sur la croix, que l'enfant jure une guerre éternelle à la société qui l'a fait périr d'un supplice infâme. M. Barrias paraît avoir été surtout frappé du contraste à tirer de ce rapprochement horrible entre le vieillard supplicié et l'enfant auquel il lègue sa vengeance. C'est dans les bras mêmes du cadavre attaché au gibet qu'il place le jeune Spartacus et qu'il lui fait jurer d'exercer de sauvages représailles. Cette idée hardie est, on ne saurait le contester, du plus grand effet. Le corps, fortement charpenté, fixé à la potence par deux grosses cordes qui meurtrissent ses membres noueux, s'affaisse lourdement, courbé sous son propre poids ; les genoux sont pliés en avant, le bras droit, également plié, s'étire dans ses liens ; la tête penche du côté gauche, où son poids l'entraîne, et le bras gauche pend par derrière, avec la main ouverte et raidie. Le jeune homme est debout, il a saisi cette main, et, comme pour se placer sous l'invocation du cadavre, il s'est mis sous son aile, entre le bras et la poitrine, et sa tête soutient presque celle de son père, qui, toute morte qu'elle est, semble s'appuyer sur lui avec amour. Il se tient droit, immobile, le corps raidi par la colère ; ses yeux, fixés droit devant lui, ne voient plus que ses pensées de vengeance ; son bras tendu se pose sur le genou du cadavre et tient un glaive nu. Rien n'adoucit l'antithèse brutale de cette faiblesse révoltée, transfigurée par la haine, et de cette puissante machine de chair et d'os lourdement affaissée par la mort et tordue par les dernières convulsions de l'agonie. Tout est combiné au contraire pour en exagérer l'effet : le torse, l'encolure, la tête calme et douloureuse du supplicié sont d'une facture violente et d'un style énergique qui fait songer à certaines statues de Michel-Ange ; les jambes, contournées et crispées par l'agonie, rappellent plutôt les mauvais morceaux de Puget ; les bras semblent un peu mous malgré un pompeux étalage de muscles et de veines gonflées. L'ensemble fait penser à quelqu'un. des damnés du *Jugement dernier* de la chapelle Sixtine, mais non pas à l'un des meilleurs. Quant au jeune Spartacus, l'unité manque un peu dans son attitude, et pour certains morceaux l'effort trop violent a dépassé le but. Ou bien ses jambes ne devraient pas se raidir au point de faire rentrer les pieds en dedans, ou bien le bras tendu qui tient le poignard devrait avoir un mouvement plus ferme et plus irrité. Ce groupe a encore un autre défaut, c'est qu'il ne peut guère être vu que de face. Vu de dos, il manque d'intérêt ; on ne voit qu'une masse confuse d'où s'échappent des bras qui retombent en girandoles comme les branches d'un saule pleureur ; de profil, les lignes sont désagréablement coupées par l'angle sortant que forment les genoux du crucifié. Sans doute l'harmonie des lignes était difficile à obtenir dans une composition de ce caractère ; mais il semble que M. Barrias, tout entier au plaisir de rendre l'aspect dramatique de son sujet et de faire, si j'ose ainsi parler, déclamer son marbre, ait négligé cette partie très importante de son art, ou qu'il se soit même complu dans des défauts qu'il aura considérés comme des hardiesses heureuses.

Le même auteur expose un groupe de bronze, *la Fortune et l'Amour*, qui dans un genre plus modeste et dans de petites dimensions vaut pour le moins autant que le Spartacus. La Fortune, lancée sur sa roue avec une vitesse et une légèreté surprenantes, est poursuivie par un petit Amour qui se penche, en volant, sur son épaule et lui pose une main sur la tête. Les deux figures ont un élan inexprimable ; l'exiguïté des proportions n'a point permis à M. Barrias de se livrer dans le détail à ses exagérations habituelles. Toutefois le mouvement de la figure principale est un peu forcé. Tout en fendant l'espace, elle se livre à des contorsions excessives qui divisent son corps en trois plans principaux, fléchis dans des directions par trop opposées : la jambe rejetée en arrière est trop violemment écartée de l'autre ; le torse, rejeté en sens inverse, perdrait l'équilibre, si la tête, brusquement redressée, ne reprenait la direction primitive. Il y a de ces témérités heureuses dans certaines sculptures de la renaissance, et c'est surtout par l'audace que Si. Barrias aime à leur ressembler.

C'est à la suite de M. Barrias qu'il faut classer un certain nombre d'œuvres intéressantes, estimables même à certains points de vue, mais n'atteignant point à la vraie beauté, et plus remarquables par la forte volonté qui s'y déploie que par le goût, l'harmonie et le bon sens. Citons d'abord le *Mucius. Scœvola* de M. Captier, une véritable caricature, si l'on est disposé à rire, un travail sérieux au contraire, si l'on n'y cherche que de bonnes intentions servies par un talent vigoureux, quoique sans discernement et sans mesure. D'ailleurs, à bien analyser la grotesque attitude du héros romain, la pensée première en est juste et ne pèche que par une exagération puérile. Mucius étend sa main droite sur le brasier, la jambe gauche en avant, la jambe droite en arrière et croisée sur la gauche, le torse horriblement contourné, l'épaule droite en l'air, la main gauche sur la hanche, où ses doigts s'enfoncent dans la chair. La tête, à la fois arrogante et piteuse, fait une affreuse grimace de la lèvre inférieure, qui n'a pas l'air de dire avec le philosophe stoïcien : « O douleur, tu n'es pas un mal. » M. Captier deviendra peut-être un grand artiste quand à ses facultés d'exécution vraiment vigoureuses il saura joindre un peu d'esprit, un peu de bon sens, et cette crainte salutaire du ridicule qui est pour les artistes trop audacieux le commencement de la sagesse.

La statue de Mirabeau par M. Truphême est d'un effet assez puissant, bien que vulgaire et d'une emphase triviale. Le grand orateur fait un pas en avant, le bras étendu, la tête rejetée en arrière d'un air de dédain foudroyant. Son attitude respire la force plutôt que le génie. La composition, frappante de clarté, est cependant imparfaite et négligée. Sur quatre côtés, elle n'a que deux aspects satisfaisants, la vue de face et la vue de gauche ; des deux autres, elle est plate et commune, sans harmonie dans les lignes, sans intérêt dans l'exécution des détails. Un disgracieux habit à la française pèse lourdement sur les épaules et tombe mollement le long du corps par grands plans épais et raides qui ne laissent pas soupçonner les formes. M. Truphême doit avoir étudié cette draperie sur un mannequin d'atelier plutôt que sur le modèle vivant. Les jambes, auxquelles je ne reprocherai pas d'être trop courtes, quoiqu'elles soient en disproportion visible avec le buste, sont d'un dessin plat et grossier. Ce qui manque le plus à ce Mirabeau, c'est la noblesse ; on ne reconnaît pas le Jupiter tonnant de l'assemblée constituante, l'homme dont le geste, le regard et l'éloquence transfiguraient la monstrueuse laideur. Ce n'est qu'un Mirabeau moderne, un clubiste criard revêtu de la défroque du grand homme. La recherche systématique du réalisme ne fait pas toujours rencontrer la réalité vraie.

Un homme d'un vrai talent, M. Frémiet, n'obtient malheureusement cette année qu'un franc succès d'hilarité. *L'Homme de l'âge de pierre* est cependant un travail sérieux. Notre primitif ancêtre se rapproche peut-être un peu trop de la brute ; mais on ne pouvait s'attendre à lui trouver la physionomie spirituelle et l'air distingué. Tout le corps est modelé avec une rare et brutale vigueur ; il danse ou plutôt il bondit sur place comme un animal sauvage, et, n'en déplaise aux rieurs, le mouvement de cette danse est libre, naturel et plein d'élan. La tête n'exprime aucun sentiment raffiné, en dehors d'une jovialité bestiale ; elle poussé de grands cris de joie probablement aussi peu mélodieux que les aboiements d'un chien. Que voulez-vous de plus ? Ce n'est pas la faute de l'homme fossile si ses ébats chorégraphiques rappellent certains quadrilles de nos bals publics. Cela prouverait seulement que nous ressemblons à nos ancêtres, et que l'excès de la civilisation nous ramène aux grâces de la barbarie.

Quant à *la Guerre*, du même auteur, on peut l'abandonner sans remords au ridicule. Ce buste colossal est d'une monstrueuse insignifiance. On pourrait dire qu'il ressemble à un gigantesque point d'exclamation, qui indique bien l'intention de dire une chose émouvante, mais qui ne saurait pourtant équivaloir à une pensée. La farouche déesse a l'air si bête qu'on a de la peine à la croire si méchante. La bouche ouverte en rond beugle et mugit terriblement comme le taureau de Phalaris. Des grappes de cadavres encadrent son visage en guise de pendants d'oreilles, enfilés bout à bout comme une brochette de goujons. Elle porte sur son diadème une gigantesque chauve-souris aux ailes déployées. Une rangée de mèches symétriquement frisées lui entoure la tête, et il faut au moins lui rendre cette justice, qu'elle a mis ordre à sa coiffure avant de se présenter au public.

Revenons bien vite à la sculpture florentine, dont M. Degeorge nous présente deux échantillons pleins d'agrément. Son *Jeune Vénitien du XVe siècle* est un buste en bronze, très fin, à l'imitation de la renaissance, coiffé d'une toque et de longs cheveux touffus, présentant de grandes analogies avec le chanteur florentin de M. Dubois. Sa *Jeune Florentine*, en marbre, a une physionomie plus originale et presque fatidique. Avec ses prunelles d'un creux vague et rêveur et ses coins des yeux, relevés à la chinoise, elle ressemble à certaines têtes qu'on voit fréquemment dans les faïences italiennes et dans les arabesques de la renaissance, attachées soit à une queue de poisson, soit à un corps d'hippogriffe. C'est un morceau des plus remarquables, mais c'est encore un pastiche ; allons plus loin, si nous voulons contempler une œuvre vraiment naturelle, vraiment exquise, vraiment moderne et digne d'être admirée pour elle-même, sans l'agrément artificiel de l'intérêt archéologique.

M. Hiolle va nous la fournir : c'est le buste d'une jeune femme mince, à l'encolure longue et fine, la tête un peu penchée en avant, les traits doux et délicats, le nez aquilin, la bouche triste, quoique vaguement souriante, la physionomie discrète, mélancolique et comme résignée. On sent que ce n'est pas un portrait de fantaisie, une création plus ou moins fausse d'une imagination de poète : c'est un être vivant et vrai, dont l'âme rayonne doucement à travers les blancheurs du marbre. La nature est ici le vrai poète, et l'artiste n'est que l'interprète de sa pensée ; mais aussi comme il la comprend ! quel goût sûr et délicat, quelle suavité exquise, quel modelé souple et fin ! Cette sculpture est tendre sans être molle ; elle est pétrie d'amour jusque dans les moindres détails. Les jolies boucles de cheveux qui traînent sur le cou sont d'une facture et d'un sentiment délicieux. Le peu de poitrine entrevu dans l'entre-bâillement du corsage, les plis charmants de la robe collée aux épaules, jusqu'à la guipure qui en frise les bords, tout exprime un sentiment de grâce, de simplicité exquise, de douceur attendrie. Rien n'est banal pour qui sait voir la nature ; rien n'est mièvre ou mesquin pour qui n'exagère pas ses impressions et ne se fait pas un jeu de ses sentiments. M. Hiolle possède au dernier point cette vue sincère et touchante des choses, ce mélange rare d'esprit et d'émotion dont se compose la distinction vraie. Adressons-lui cependant un léger reproche. Pourquoi a-t-il placé sur le socle, juste en dessous des seins, cet écusson qui emprisonne et alourdit la taille ? Le corsage aurait bien plus d'élégance sans cette espèce de cuirasse historiée.

Le buste de Mme Compoint, par M. Millet, est encore un de

ces morceaux de sculpture saine et distinguée qui, sans nulle affectation de réalisme, vous mettent en présence de la nature même. Le modèle est d'un âge mûr, les traits sont un peu gros et incorrects ; mais la tête est vivante, individuelle, d'une exécution ferme et moelleuse, fine et décidée, sans recherche des détails, sans négligence de la forme, et charmante en résumé, quoique loin d'être belle. Malheureusement il n'y a d'achevé que la tête. Le buste lui-même n'est qu'un socle vaguement ébauché, et la poitrine n'a pas l'air d'avoir été sculptée sur nature. — M. Deloye au contraire se complaît dans une représentation minutieuse et artificielle des détails. Il expose un buste en terre cuite, qui représente une femme d'un certain âge, le nez un peu pointu, avec de la fermeté dans les plans du front, du menton et des joues ; drapée dans un manteau à franges, et les cheveux en bandeaux plats, elle jette un regard de côté sous des paupières un peu tombantes. La masse de ce portrait est très bonne, mais sans finesse ni précision, et l'artiste y supplée par une imitation assez froide des procédés extérieurs de M. Carpeaux. Les cheveux, le manteau, les rides même du visage sont figurés par des moyens superficiels et calligraphiques ; la vie, qui éclate dans ce travail au premier coup d'œil, s'affaiblit à mesure qu'on le considère et qu'on en perce à jour les artifices. C'est vraiment dommage, car il y a du premier jet dans cette sculpture, et M. Deloye a d'heureux dons qu'il devrait développer par un travail plus opiniâtre.

M. Legrain est un des meilleurs élèves de M. Carpeaux. Les douze signes du zodiaque, exécutés sous la direction du maître pour le groupe des *quatre parties du monde*, sont un travail fin et pittoresque, dont malheureusement les détails passeront inaperçus dans l'ensemble du monument. Les douze constellations sont représentées en bas-relief autour d'un cercle de la sphère. La facture en est extrêmement sculpturale et spirituelle jusque dans les moindres détails. Les signes les moins intéressons par eux-mêmes sont peut-être ceux où l'auteur a dépensé le plus d'intelligence et de goût. Il faut signaler particulièrement le scorpion et le cancer, étudiés avec beaucoup d'art, les poissons, exécutés dans le style des fines arabesques de la renaissance, le bélier, le taureau, le verseau, le sagittaire, et surtout la vierge, couchée dans la posture consacrée et enveloppant sa tête de son bras par un geste d'une grâce et d'une grandeur admirables ; cette dernière figure serait presque un chef-d'œuvre, si l'autre bras étendu n'avait une longueur démesurée, dont on ne peut s'expliquer la disproportion choquante que par un scrupuleux désir d'imiter aussi fidèlement que possible la forme même de la constellation. — Mais l'œuvre dont nous voulons surtout féliciter le jeune artiste est le buste en bronze de M. H. Servin, un tout jeune homme imberbe, aux traits fins et au nez busqué. On pourrait attribuer ce charmant portrait à M. Carpeaux lui-même, et le maître n'aurait pas à désavouer l'œuvre de l'élève. Cependant le talent de M. Legrain a quelque chose de plus calme et de plus reposé. Il a de son maître la largeur des plans, la dextérité du modelé, l'entente admirable des masses, même dans les parties les plus rebelles à la précision sculpturale : les cheveux courts et bouclés, le dessin du front et des joues en sont la preuve. Il a de moins que lui l'animation, la verve brillante, la surabondance de la vie ; mais il a peut-être en revanche plus de finesse et de pureté.

Signalons encore un bon buste de M. Beylard, qui représente une femme d'un certain âge, au nez long, au visage maigre, à la bouche grande, aux lèvres fines et serrées ; un portrait de vieillard de M. Lemaire, aux traite creusés et pleins de vérité expressive ; un buste de bronze assez net, assez ferme et assez large de M. Cadé ; une fine terre-cuite de M. Richard, et deux portraits de M. Adam Salomon, auxquels on ne saurait contester, malgré quelque platitude, une grande sincérité de ressemblance. En fait de portraits, le chef-d'œuvre de l'année ne figure pas au Salon ; il est exposé loin des regards profanes, dans l'enceinte moins fréquentée de l'École des Beaux-Arts, où viennent l'admirer ceux-là seuls qui ont le goût des belles œuvres et qui tiennent à s'en inspirer. C'est un buste d'Ingres par M. Guillaume, l'un des maîtres de l'école française, que son extrême sobriété d'œuvres et sa négligence à rechercher le succès ont laissé trop ignoré du public. Ce simple buste est une grande œuvre d'art, un travail complet et irréprochable, tant par le caractère que par la vigueur de l'exécution. Le grand peintre y est représenté jusqu'à mi-corps. La main gauche, résolument et presque violemment empreinte sur un rôle, semble affirmer que l'art a sa probité et que la vérité du dessin doit en être la première loi. Le bras droit se relève sur la poitrine avec une sorte de fierté, tenant un crayon dans la main. L'expression du visage est d'accord avec ces deux gestes, pleine d'une sévérité magistrale et d'une conviction impérieuse. Le costume lui-même n'est pas choisi au hasard : c'est l'habit d'académicien, celui qui convient le mieux au caractère dogmatique du génie de M. Ingres, sinon même à son goût personnel pour l'importance des situations officielles. Un manteau attaché sur l'épaule et qui revient flotter sur le devant donne au personnage, par sa masse et par son ampleur, un certain aspect d'apothéose. On ne saurait dire que M. Guillaume s'est surpassé dans ce travail ; à coup sûr, il n'a jamais mieux fait,

Combien, chez les vrais artistes, le génie individuel est rebelle à l'éducation qu'ils reçoivent ! Qui se douterait, par exemple, que M. Guillaume est un élève de Pradier ? Ce n'est pourtant pas un homme d'un esprit hasardeux et indiscipliné ; on ne peut le soupçonner d'avoir fait fi des enseignements de son maître. Et cependant il est difficile de trouver deux talents plus divers. Peut-être M. Guillaume a-t-il gardé de l'atelier de Pradier quelque habitude de recherche et d'élégance ; mais il y a joint la gravité, l'élévation, la sévérité, car l'extrême agrément de ses œuvres résulte de leur sobriété même, et l'on peut en dire ce que les anciens disaient de ce style achevé, *tersus termo*, dont l'élégance n'est que l'effet d'une concision savante. Ces œuvres semblent ornées sans avoir de parure, simples sans jamais être nues. Nourries du suc de l'antiquité, échauffées de l'exemple des grands hommes, le principal sentiment qui les inspire est pourtant un respect de la nature poussé jusqu'au culte passionné de la forme. Elles n'ont pas grand'chose de la renaissance ; elles appartiennent plutôt à l'art grec, tempéré par un mélange de cette distinction de bon aloi qui est la marque de l'esprit français. Le buste d'Ingres, comme les Gracques du Luxembourg, peut être placé à côté des meilleurs morceaux de Rude et de David d'Angers, parmi celles des œuvres contemporaines qui mériteront de servir d'enseignement aux générations futures.

Du autre vétéran de l'école française, M. Étex, n'a pas craint, malgré son âge et sa renommée, de se mêler à la foule des exposants de cette année. Sa Danaé, bas-relief en marbre, est un morceau de sculpture peut-être sans beaucoup de vigueur, mais d'une conception originale et d'un procédé fort curieux. Ce bas-relief n'est en effet qu'une plaque de marbre gravée ; le fond et les premiers plans ne forment qu'une même surface. Le modelé d'ailleurs, très largement et très discrètement indiqué, est figuré en creux au lieu d'être en saillie. La Danaé est couchée au premier plan dans une gracieuse attitude ; au fond, un Jupiter d'une forme un peu lourde et d'un archaïsme voulu, apparaît dans le ciel au milieu d'un nuage et des rayons lumineux qui environnent son trône. C'est plutôt, comme on le voit, un tableau qu'un bas-relief, et le principal souci de M. Etex semble avoir été de ménager par le creux des contours une ombre aérienne qui donnât de la profondeur à la scène. Il y a réussi, mais il a dû sacrifier à cet effet de perspective la vigueur sculpturale et la masse générale du relief.

M. Barye dédaigne depuis longtemps les expositions publiques. Heureusement M. Mène et M. Isidore Bonheur ne suivent pas son exemple. M. Bonheur expose cette année une *Vache romaine* d'un beau style et d'un modelé très ferme. M. Mène nous donne aussi deux jolis groupes de vénerie, malheureusement sans beaucoup de style et un peu trop dans le genre des dessus de cheminée. L'*Hercule étouffant le lion de Némée*, de M. Clère, ferait également un excellent dessus de pendule, et n'en est pas moins une œuvre de style. C'est un petit groupe en marbre gris, qui gagnerait beaucoup à se changer en bronze. Félicitons M. Clère d'avoir su rompre avec la tradition des Hercules brutaux et massifs, plus semblables à des portefaix qu'à des demi-dieux. Le héros, car c'en est bien un, a des formes sveltes et nobles qui rappellent plutôt l'élégante vigueur du gladiateur antique que la bestialité de l'Hercule Farnèse et de tous ses Itères. Il se jette à plat ventre sur le dos du lion, qu'il écrase de son poids en l'étreignant de ses jambes et de ses bras nerveux. Le modelé en est très beau, l'attitude excellente, le style sérieux et sans fausse violence. M. Clère est certainement un des lauréats qui méritent le mieux leur récompense.

Décernons, en terminant, une mention honorable à M. Maldiney pour son *Jésus-Christ crucifié* en bois verni. Cette sculpture n'a rien de bien remarquable, soit au point de vue technique, soit au point de vue de l'art ; mais elle est la seule de son espèce dans toute l'exposition de cette année, et sans penser, comme certains critiques et certains politiques pleins de piété, que le seul moyen de régénérer l'art, comme la société française, soit de le faire rentrer par ordre du gouvernement dans la voie religieuse, il faut savoir gré de leurs bonnes intentions aux artistes qui, comme M.

Maldiney, n'abandonnent pas les sujets de piété à des fabricants mercenaires, et persévèrent, même sans succès, dans un genre qui jadis a produit tant de chefs-d'œuvre.

VI

Après ce long inventaire des richesses de l'année, il faut enfin nous demander où nous en sommes. Que doit-on penser aujourd'hui de l'école française ? Quelles sont les causes de décadence qui la menacent, ou les signes de régénération qui s'y laissent entrevoir ? Faut-il crier misère et gémir sur notre honte, comme certains hommes du passé qui s'en prennent au temps présent de ce qu'ils n'ont plus les yeux de la jeunesse ? Faut-il au contraire chanter victoire, nous enorgueillir et nous extasier devant nos défauts comme devant des traits de génie ? La vérité, quoi qu'on en dise, n'est pas toujours dans le juste milieu, et cependant nous voudrions nous tenir à égale distance des critiques qui s'abandonnent à un découragement stérile et de ceux qui se complaisent dans une indulgence funeste.

Ce qu'il y a de certain, c'est que peu d'époques ont été aussi fécondes que la nôtre en œuvres distinguées et en artistes de naissance. Nos expositions fourmillent de morceaux estimables et de talents inaperçus. Ce qu'il y a de certain également, c'est que du milieu de cette foule bigarrée il est bien rare de voir surgir, je ne dis pas seulement quelque grand génie, mais quelque forte personnalité qui la domine et qui la marque à son empreinte. La confusion des langues règne dans le pays des arts ; tout le monde y abandonne l'usage de la belle langue française pour parler divers jargons prétentieux ou vulgaires, auxquels chaque artiste se croit obligé, pour paraître original, d'ajouter quelques néologismes de sa façon. Et comme il n'y a rien d'arbitraire en ce monde, pas plus dans l'ordre moral que dans l'ordre physique, on peut affirmer aussi que cette anarchie générale tient à l'état de nos mœurs, à la fâcheuse influence exercée sur l'éducation des artistes par les goûts et par les besoins de la société moderne. Voilà donc le problème posé ; est-il vrai, comme on dit, qu'il soit par là même à moitié résolu ?

L'explication de ce phénomène ne nous serait-elle pas fournie par le contraste que nous remarquions plus haut entre la sculpture et la peinture contemporaines ? La sculpture, disions-nous, est supérieure à la peinture, et cela par les raisons mêmes qui la rendent moins populaire. Elle subit moins l'action de la mode et du mauvais goût qui est le produit de la mode. Le sculpteur, absorbé dans ses rudes travaux, est un ouvrier forcé de vivre en solitaire dans notre société frivole et dissipée. A l'exemple de Jean Goujon, qui s'intitulait maître maçon sang avoir pour cela moins de génie, le sculpteur est un laborieux compagnon assidu à son établi, étranger au reste du monde. Il s'enferme dans son atelier, seul avec ses pensées, avec les grands modèles qu'il consulte et surtout avec la nature, dont il cherche à triompher. Ses études se concentrent sur la figure humaine, qu'il dégage de tout ce qu'il y a d'artificiel dans les usages de la vie moderne, sinon même dans les habitudes de nos imaginations bourgeoises. Il serre de plus près ses modèles, et, comme il dispose de moyens d'expression plus restreints, il est obligé d'apprendre à résumer sa pensée. Limité dans le champ même de la conception par les conditions matérielles de son art, il accepte des règles sévères, et il tire parti de leurs entraves mêmes ; il se discipline, il se condensé, et l'impossibilité de s'abandonner à certaines fantaisies l'amène insensiblement à faire des œuvres sérieuses.

Quant au gros public, qui ne le connaît guère, il s'en soucie lui-même assez peu, et ne devient ni son courtisan, ni son héros. L'antiquité, qui vivait en plein air, était peuplée de statues ; nos appartements, où l'espace manque, ne peuvent contenir que des tableaux. Le sculpteur ne travaille donc pas pour le commerçant enrichi ou pour l'étranger de passage. Enfin il y a un genre malsain, mais lucratif, qui est recueil où se sont usés bien des talents supérieurs : je veux parler des livres illustrés. Le sculpteur ne connaît rien de pareil, car, s'il a dans le *bronze d'art* un moyen de publicité qui peut le mener à la fortune, il sait que, pour bien vendre les reproductions de ses ouvrages, il faut d'abord faire des chefs-d'œuvre. S'il est ambitieux, ce n'est point pour se disperser dans une foule de travaux médiocres où son talent se dégrade ; au contraire il travaille pendant dix ans, s'il le faut, à faire une belle œuvre qui à elle seule en vaudra cent mauvaises, et qui lui assurera d'un seul coup la réputation et la richesse.

Ce qui fait la supériorité du sculpteur sur le peintre, c'est donc l'indépendance de son art ; c'est qu'il n'est pas, comme beaucoup de peintres, une espèce de journaliste en tableaux, à l'affût de l'actualité et de la mode, un virtuose asservi aux plaisirs d'un public ignorant. Ce public, qui se plaint souvent de la médiocrité des artistes, ne devrait adresser ses reproches qu'à lui-même, car c'est lui qui les gâte par ses adulations ou par ses injustices, c'est lui qui leur donne les travers des sociétés riches et mercantiles où l'art entre dans toutes les existences, mais où il se confond avec un luxe banal, et se vulgarise en se répandant. La trivialité d'une part et l'excentricité de l'autre, qui sont les deux fléaux de l'art moderne, sont des défauts moins opposés qu'on ne se l'imagine, et tous les deux naturels à une société comme la nôtre. Le vieux proverbe a toujours raison : dis-moi qui tu hantes, et je te dirai qui tu es ; dis-moi à qui tu vends tes tableaux, et je te dirai comment tu dois peindre. Vous faites des toiles de genre pour des bourgeois enrichis, pour des collectionneurs vaniteux et blasés, pour des femmes élégantes qui en orneront leurs boudoirs. Vous travaillez pour meubler la maison de quelque grand financier, pour amuser des personnes désœuvrées et pour disputer à des curiosités de bric-à-brac l'attention de gens qui sortent de table ou qui fument leur cigare. Ou bien encore, vous fabriquez pour l'exportation, et vous garnissez les murailles vides des musées américains et australiens. Comment auriez-vous l'ardente inspiration d'un Delacroix, travaillant pour son pays et pour la postérité ? Comment vous livreriez-vous de bon cœur aux nobles et austères labeurs d'un Ingres ou d'un Flandrin, consciencieusement fidèles à la réalité, quoique passionnément épris de l'idéal ? Pourquoi d'ailleurs aborderiez-vous les sujets de style, ceux qui conduisent aux sommets les plus élevés du grand art ? Vous ferez des peintures qui soient comprises et goûtées de vos acheteurs, qui se trouvent en harmonie avec les mœurs régnantes et avec la commodité des habitations modernes, et vous les emprunterez naturellement aux sujets les plus ordinaires dans la vie de chaque jour. Si au contraire vous voulez surprendre les yeux et réveiller l'attention par quelque ragoût épicé, vous tâcherez de paraître original, et vous serez excentrique ; vous vous jetterez à corps perdu dans la curiosité, dans la bizarrerie, dans le pastiche, et vous ferez des peintures qui ne seront elles-mêmes que des pièces de bric-à-brac.

II. — LA SCULPTURE

Il faut bien en effet que les artistes vivent, et ils aiment à bien vivre, tout comme d'autres hommes. A les en croire, ils sont tous incompris de leurs contemporains. Il n'y a pas de barbouilleur qui ne s'apitoie sur l'ignorance et sur la dureté des temps lorsqu'il compare sa chétive existence à la brillante fortune des grands hommes du temps passé, dont il se croit naïvement l'émule. Ces plaintes sont injustes : notre siècle de fer est aussi un siècle d'argent, et jamais les barbouilleurs n'en ont si facilement gagné. Jamais les œuvres d'art n'ont été d'un débit plus général et plus abondant ; jamais la réputation n'a été plus accessible à ceux dont le talent est doublé d'un peu de savoir-faire ; L'art est devenu l'objet de véritables entreprises commerciales, pour ne pas dire de véritables spéculations de bourse. Dès qu'un artiste est célèbre et qu'il a cours sur le marché, il ne se donne plus la peine d'exposer ses œuvres nouvelles ; il craindrait qu'un échec ne vînt compromettre sa réputation et avilir ses prix. Il aime beaucoup mieux les vendre dans l'atelier même. Ceux qui exposent sont ceux qui ont encore à faire leur chemin. S'ils rencontrent un marchand de tableaux qui en fasse l'entreprise, ils deviennent célèbres d'un jour à l'autre. Leurs succès artificiels et souvent sans lendemain leur font perdre l'habitude du travail sincère, de l'effort honnête, de la réflexion et du grand art. A peine touchent-ils à la gloire, que leur talent s'arrête ; ils se reproduisent, ils battent monnaie, et cessent de créer des œuvres sérieuses pour ne plus fabriquer que des marchandises.

Ce n'est pas le talent qui nous manque ; c'est la discipline, le recueillement, le sentiment approfondi, en un mot la conscience. Quand on est trop pressé de réussir, on n'échappe point au charlatanisme. La grande affaire est alors d'avoir un genre à soi, une marque distinctive que le public puisse reconnaître, et dont il garde aisément le souvenir. Ceux à qui la nature a donné une originalité vraiment puissante en abusent dès le début, et l'épuisent sans la renouveler ni la laisser mûrir. Ceux dont le talent est plus vulgaire essaient de se faire une originalité postiche. Avec un peu de persévérance et d'ingéniosité, c'est moins difficile qu'on ne pourrait le croire. Souvent il suffit d'affecter avec ostentation quelque défaut, toujours le même, et de l'ériger audacieusement en système : le public s'y accoutume et finit par l'admirer. On se pose en chef d'école, et le badaud finit toujours par accepter les prétentions des gens qui s'imposent ; parfois même il suffit d'une infatigable reproduction des mêmes scènes. Si le public reconnaît vos toiles sans avoir besoin de lire votre signature, il ne vous en demandera pas davantage. Fier de sa sagacité, il en partagera volontiers l'honneur avec vous ; il répétera votre nom, il fera foule autour de vos œuvres, et si vos tableaux sont d'une dimension portative, vous serez pour toute votre vie un commerçant achalandé.

On a remarqué depuis longtemps qu'il ne se fait plus guère de livres sérieux et que la plupart des écrivains publient leurs travaux à l'état d'essais. La plupart de nos œuvres d'art ont le même défaut ; elles ressemblent à des articles de journaux improvisés au jour le jour ou même à ces élucubrations sans nom qui alimentent aujourd'hui la petite presse. Nous sommes bien loin du temps où l'on respectait le public, où l'on n'affrontait ses regards qu'avec des œuvres longuement méditées, où l'artiste et le poète gardaient pour eux les études qui contenaient le secret de leurs efforts. Nous n'avons plus aujourd'hui cette pudeur scrupuleuse ; nous ne prenons pas le temps d'habiller nos pensées, et nous les montrons à tout venant dans toute leur nudité primitive. Nous ne leur laissons même pas toujours le temps de naître, et, quand elles viennent à nous manquer, nous dérobons hardiment celles d'autrui. On n'attend pas que les idées se présentent, on va soi-même à la chasse des sujets ; on ramasse au hasard un motif quelconque ; on le prend soit dans la rue, soit dans un musée, soit même dans le dictionnaire historique ou le dictionnaire de la conversation, et, si le plat réussit, on le fait reparaître plusieurs fois sous d'autres noms. Voilà comment se font les tableaux et les livres dans cette grande hôtellerie que nous appelons la société moderne.

Tel est le mal dont souffre l'école française, et dont nous entendons les critiques se plaindre invariablement et inutilement chaque année. On ne nous accusera certes pas d'en atténuer les couleurs ; mais où faut-il en chercher le remède ? Est-ce dans les récompenses, dans les concours, dans le choix des sujets imposés aux écoles, dans des prédications académiques et dans des encouragements factices à des vocations de commande ? Croit-on que l'état de notre civilisation et de nos mœurs permette d'imposer à l'art des formes convenues, et de fabriquer à volonté des Raphaël, des Poussin et des Lesueur, ou même des David et des Ingres ? Non, ce n'est pas dans la discipline artificielle des écoles qu'est aujourd'hui le remède aux tentations du mauvais goût régnant, et l'on ne fait pas des artistes comme on fait des soldats. C'est par le travail individuel, par la sincérité du sentiment, par la persévérance de la recherche solitaire, par la liberté de l'art en un mot, qu'il faut essayer de se régénérer. En ce sens, le mal lui-même apporte son propre remède, car l'anarchie dont on se plaint a brisé le joug académique, et j'entends par là non pas seulement les traditions de l'art classique, mais celles même du romantisme, déjà aussi vieilles et encore plus artificielles que les autres. L'artiste est sans direction, livré à tous les caprices du public, mais il a repris toute sa liberté d'allures ; faute de modèles et de formes imposées, il ne peut s'adresser qu'à la nature, la seule vraie, la seule grande inspiratrice. Il est obligé de se reconnaître, de se recueillir, de chercher sa voie, et, s'il y en a beaucoup qui s'égarent, il y en a quelques-uns qui trouvent. Ceux-là ne sont ni les imitateurs d'un art qu'ils ne comprennent plus, ni les copistes habiles des procédés des diverses écoles, ce sont ceux qui savent entrer en communion intime avec la nature et qui sont d'assez bonne foi pour lui rester toujours fidèles.

Ne reculons pas devant les mots. La liberté de l'art conduit à une doctrine qu'il faut appeler par son nom, le réalisme. Qu'on ne s'effraie pas de ce terme, dont les charlatans ont tant abusé, car c'est le réalisme qui fera le salut de l'école moderne. Nous n'entendons par là ni la vulgarité systématique, ni la recherche passionnée de la laideur. Il y a un bon et un mauvais réalisme. Il y a un réalisme plat, grossier, inintelligent, qui consiste à rendre mécaniquement ce qu'on voit, sans essayer de pénétrer dans les secrets de la nature ; il y en a un autre qui s'attache uniquement aux détails matériels, aux objets inanimés et aux effets pittoresques : celui-ci n'est qu'une forme inférieure de l'art. Le vrai réalisme, c'est l'art lui-même : en dehors de lui, il n'y a que des conventions banales et des œuvres factices. La théorie de l'idéal, qu'on lui oppose à tort, n'est que l'analyse d'un sentiment éveillé en nous par les belles œuvres ; ce n'est pas une méthode positive qui puisse enseigner à les faire.

La réalité seule a cette puissance, et c'est elle seule qu'il faut consulter. L'idéal, conçu comme la substance et comme le fondement même de l'art, est pour les artistes la plus dangereuse des chimères. Il n'inspire que des œuvres artificielles et glacées, de plates imitations archaïques ou des inventions d'un symbolisme prétentieux. Nous en avons cette année même des exemples : c'est la Giacomina de M. Cabane, c'est le mélodrame ultra-romantique de M. Gustave Doré, ce sont les mannequins sans vie de M. Puvis de Chavannes ; c'étaient, il y a quelques années, les charades et les rébus mythologiques de M. Gustave Moreau. Ajoutez-y, si vous voulez, les compositions froides et languissantes de quelques élèves d'Hippolyte Flandrin, qui croient devoir rendre hommage au souvenir de leur maître en parodiant son génie. Voilà quels sont aujourd'hui les triomphes de l'idéal. Est-ce vraiment sur de pareils exemples qu'on veut régler l'école française et qu'on prétend la régénérer ?

Revenons modestement à l'école de la nature. Notre apprentissage y sera peut-être laborieux, mais il ne sera jamais stérile. Assurément les libres penseurs du réalisme ont leurs prétentions et leurs ridicules, comme les dévots de l'idéal. Leur drapeau est devenu le point de ralliement de tous les artistes déclassés, vaniteux, paresseux et incapables ; mais, sans se ranger sous leur bannière, il faut bien se garder de la combattre. L'art n'est pas encore mort ni même en décadence dans une école qui a pris le réalisme pour devise, car la nature y est encore en honneur, et, comme dit le philosophe Emerson, la nature est inépuisable dans son commerce avec l'esprit humain. Quand l'art est sur le point de mourir, il ne cherche pas à se renouveler ; il ne se fatigue pas à poursuivre la réalité qui le fuit. Il s'endort au contraire dans les traditions du passé ; il se fige dans l'imitation machinale de certaines formes consacrées qu'il reproduit grossièrement sans les comprendre, et qui se transmettent d'âge en âge en s'affaiblissant de plus en plus. C'est l'art égyptien, c'est l'art byzantin, c'est l'art académique, c'est celui de toutes les époques de véritable décadence et de toutes les sociétés sans avenir. Grâce à Dieu, ce n'est pas encore le nôtre.

ISBN : 978-1983960024